改变女人一生的智慧书系

聪明女人的说话技巧与处世智慧

梅子 ◎ 著

中国三峡出版社

图书在版编目(CIP)数据

聪明女人的说话技巧与处世智慧 / 梅子 著.—北京：中国三峡出版社,2009.1
ISBN 978-7-80223-487-1

Ⅰ.聪… Ⅱ.梅… Ⅲ.①女性—口才学—通俗读物②女性—人间交往—通俗读物 Ⅳ.H019-49 C912.1-49

中国版本图书馆 CIP 数据核字(2008)第 202203 号

中国三峡出版社出版发行
（北京市西城区西廊下胡同 51 号　100034）
发行部电话：(010)66112758　66116828
http://www.e-zgsx.com
E-mail:sanxiaz@sina.com

北京嘉业印刷厂　　　　　新华书店经销
2009 年 5 月第 1 版　2014 年 6 月第 6 次印刷
开本:710×1000 毫米　1/16　印张:15
字数:150 千字
ISBN 978-7-80223-487-1　定价:32.00 元

目 录

第一章　口吐莲花,会说话的聪明女人惹人爱

用声音打动人心 …2
懂得赞美的女人最受欢迎 …4
赞扬他人要恰到好处 …7
赞美不能忽视"小" …10
批评讲究艺术,良药不苦口 …11
"糖衣炮弹"的妙用 …15
以理服人,以情感人 …17
说服别人的6个妙法 …19
说软话,服人心 …24
善言也要善劝 …25
拒绝是一门艺术 …28
拒绝有理,他人无语 …31

第二章　滴水不漏,聪明女人的说话技巧

说话说到位 …36
说话看对象,办事不难 …37
看准对方的性格,投其所好 …41
因人而异,说话能赢得好感 …44
送人美名,抬高对方也是给自己铺路 …46
学会给别人戴高帽 …49
高帽子不能自己戴 …52

三思而后言 ⋯54
酒桌上的语言奥妙 ⋯57
幽默,女人的超级武器 ⋯59

第三章　点到为止,聪明女人如何把握说话分寸

给自己留有余地,不要把话说得太绝 ⋯64
给对方台阶下 ⋯66
多说别人的长处,少说别人的不足 ⋯69
话说三分,点到为止 ⋯70
说话要讲究分寸 ⋯72
谈吐有禁忌,不该说的话千万别说 ⋯73
开玩笑要把握分寸 ⋯75
不要拿别人的隐私开玩笑 ⋯77
把握说"不"的分寸 ⋯78
转着弯儿说话 ⋯80
难得含糊 ⋯81
暗示的妙处 ⋯84

第四章　巧言妙语,聪明女人怎样摆脱社交尴尬

打破冷场的技巧 ⋯88
面对恶意冒犯者 ⋯92
幽默——让尴尬不再尴尬 ⋯94

自我解嘲，化解尴尬的大智慧 …96
机智巧妙地应付尴尬 …98
用善意的谎言排除尴尬 …101

第五章　以柔克刚，聪明女人要学会利用天生的资本

博览群书，充实你自己 …104
塑造女人迷人的个性 …106
示弱者勇 …107
放低姿态，人人具有同情弱者的天性 …110
成为有魅力的女人 …112
柔和的言辞更有威力 …114
会哭的女人才有"饭"吃 …115

第六章　眉目传情，聪明女人要学会使用肢体语言

微笑可以拉近人与人的距离 …118
用倾听获得对方好感 …121
懂得倾听的技巧 …123
眼神在交际中的作用 …124
羞涩，最令人心动的表情 …126
体姿，展现女人的优雅气质 …127

第七章　气质动人，聪明女人要修炼处世资本

善于原谅别人，才可使心灵得到解脱 ⋯132
做个气质女人 ⋯134
内在美永远重于外在美 ⋯135
自信的女人最美丽 ⋯137
优雅是女性独有的芬芳 ⋯138
让自己成为可以信赖的人 ⋯139
对人热情要有度 ⋯143
温柔是女性的伟大力量 ⋯145

第八章　八面玲珑，聪明女人要掌握处世技巧

信任丈夫使家庭更幸福 ⋯148
爱屋及乌，让婚姻更美满 ⋯150
替上司为自己找升职的理由 ⋯152
与同事相处融洽的秘诀 ⋯155
轻松应对职场复杂的人际关系 ⋯157
爱心让你拥有好人缘 ⋯159
助人就是助己 ⋯161
善于倾听朋友的忠告 ⋯164
与朋友相处有道，友谊方可地久天长 ⋯167

第九章　完美无瑕,聪明女人要走出处世误区

不敢吃亏怎能占便宜 …172
走出不平衡的心理误区 …175
丢掉嫉恨,赢得信任 …177
疑心病,早抛弃 …178
勿在上司面前抢风头 …180
不要当众指出他人的过错 …181
永远记住对方只是一部分 …183
建立在金钱上的友谊不可靠 …185
不可因家庭而忽略朋友 …187

第十章　柔弱而不软弱,聪明女人要坚守处世原则

提防暗箭,处理好同事关系 …190
办公室里的"降妖伏魔术" …192
别掺和是非,以防给人当枪使 …194
撒娇是女人的独门暗器 …196
让上司的邪念变敬重 …198

第十一章　不是教你使诈！聪明女人要懂得处世智慧

与同事保持适当的距离　　　　　　　　…202
与对手相拥,让你游刃职场　　　　　　…205
多放人情债,建立好人缘　　　　　　　…208
如何与不同的上司搞好关系　　　　　　…210
多给男人一些私人空间　　　　　　　　…213
夫妻之道,依恋而不依赖　　　　　　　…215
舌头多抹蜜,婆婆不挑剔　　　　　　　…216

第十二章　学会选择与放弃,聪明女人要平衡处世心态

退一步海阔天空　　　　　　　　　　　…220
当爱已成往事,潇洒地和他说再见　　　…221
不以得喜,不以失悲　　　　　　　　　…225
放弃痛苦,抓住幸福　　　　　　　　　…226
别为工作失去生活　　　　　　　　　　…227
在事业上坚持走自己的路　　　　　　　…228

口吐莲花，会说话的聪明女人惹人爱

用声音打动人心
懂得赞美的女人最受欢迎
赞扬他人要恰到好处
赞美不能忽视"小"
批评讲究艺术，良药不苦口
"糖衣炮弹"的妙用
以理服人，以情感人
说服别人的6个妙法
说软话，服人心
善言也要善劝
拒绝是一门艺术
拒绝有理，他人无语

用声音打动人心

如果女人说话既有知识、趣味，又能用丰富的表情和优美的声音来表达，那将会收到意想不到的效果。

心理学研究表明，一个人对外界事物的感知和印象80%靠视觉，其余20%中有14%靠听觉。这还是在面对面的情况下，如果接听电话，由于双方不在一起，交际的效果完全靠声音来完成，那声音的重要性更不用说了。

美丽的声音有一种直达人心的魅力，聪明的女性应该懂得驾驭自己的声音。很多流连于梳妆台前的女性对自己的外貌、服饰很感兴趣，也很有信心，但她们却很少能留意自己的声音。我们常会看到一些容貌姣好、衣着入时的女性说起话来，却直叫男士们摇头，倒是那些容貌普通，但说话不快不慢、抑扬有致的女性较能给人舒服的印象。

所以，作为一名聪明女性，你若想使自己更迷人，除了一切外在条件，还得注意你的声音，更何况声音不单是吸引异性而已，与你个人工作的顺逆成败也有关。

那么，如何使自己的声音富有感染力呢？

1. 培养受人欢迎的语调

语调能反映出一个人说话时的内心世界，以及情感和态度。当一个人生气、惊愕、怀疑、激动时,所表现出的语调也不一样。从一个人的语调中,人们可以感觉到她是一个诚实、自信、幽默、可亲可近的人,还是一个呆板保守、优柔寡断、好阿谀奉承或阴险狡猾的人。所以,无论你谈论什么样的话题,都应保持说话的语调与所谈及的内容相协调,并能恰当地表明你对某一话题的态度。

2. 注意发音的准确性

正确而恰当地发音,将有助于你准确地表达自己的思想,与人进行良好的沟通与交流。如果你的发音错误并且含糊不清,这表明你思路紊乱、观点不清,或对某一话题态度冷淡,这会使人感到极不自然,从而产生一种本能的抵制情绪。

3. 控制说话的音量

在任何场合大声说话,都会使对方产生压迫感,心情紧张,神经容易疲劳,导致注意力不集中,降低交际效果。如果大声到"喧哗"的地步,引起不相干人的注意就更不明智了,这违反了交际场合"不要让自己引人注目"的原则。一般在交际场合的音量以对方听见为宜,电话中还要略低一些。

4. 注意聊天的语速

当你在和别人交谈时,选择合适的语速十分重要。语速太快如同音调过高一样,会给人以紧张和焦虑之感。如果说话的语速太快,以至于某些词语含糊不清,他人就无法听懂你所说的内容。当然,如果语速太慢,又会令人逐渐丧失耐心,有焦躁沉闷之感。正确的做法是,努力保持恰当的语速,不要太快也不要太慢,并在说话时不断地调整。

5. 不要用鼻音说话

在日常生活中,我们经常听到"哼……嗯……"的发音,这就是鼻音。如果你说话时常常使用鼻音,肯定不会受到他人欢迎,因为你的声音让人听起来似乎在抱怨,毫无生气,十分消极。如果你想让自己所说的话更具吸引力和说服力,如果你期望自己的语言更加富有魅力,那么从现在开始就别再使用鼻音。

作为女性,如果不注意声音的培养,往往会使"凤凰"变"乌鸦"。失去声音的魅力,犹如失去女性的特质。所以,呼吁所有的女性朋友,从现在起,像训练形体一样去训练自己的声音。因为,充满魅力的声音能增加女性的自信、气质和人气,并能在关键时刻帮助女性改变自己的命运。

懂得赞美的女人最受欢迎

每个人都希望得到别人的赞美和认可,女人都希望人家说她漂亮,而男人都希望人家说他潇洒。学会赞美别人会让你的交际无往不利,成为你攻克社交难关的法宝。

谁都喜欢听好听的,人的天性如此。西方心理学中有一种说法叫做"真诚的肯定",大概的意思就是用赞美、热情及真挚的字句向你的朋友说你真的相信他。

只要你适时而确切地发出了真诚的肯定,你就会得到接受你肯定的人的直接、友好的回馈。

赞美绝不是虚伪,一定要真诚。朋友把事情搞砸了,你却赞美道:"你做得真好,我还做不到那个样子呢。"这个时候,你的朋友会有被赞美的美妙感觉吗?

赞美是一件好事,但绝不是一件易事。赞美如果不审时度势,不掌握一定的赞美技巧,即使你是真诚的,也会变好事为坏事。

所以，我们一定要掌握下面5个赞美人的技巧：

1. 审时度势，因人而异

人的素质有高有低，年龄有大有小。因人而异，突出个性，有特点的赞美比一般的赞美能收到更好的效果。

比如老年人总希望别人记得他当年的雄风，所以和他们交谈的时候，可以多称赞他引以为豪的过去；对年轻人不妨语气稍为夸张地赞扬他的创造才能和开拓精神，并举出几个例子证明他的确前途无量；对于经商的人，可以称赞他头脑灵活，生财有道；对于有地位的干部，可称赞他为国为民，廉洁清正；对于知识分子，可称赞他知识渊博、宁静淡泊……当然这一切要依据事实，不要夸大其词，让人觉得你很虚伪，而产生反感。

2. 情真意切，有理有据

在日常生活中，成绩卓著的人并不多见。所以，交往中应从具体的事件入手，善于发现别人哪怕是微小的长处，并不失时机地予以赞美。赞美用语越具体，越说明你对他长处的了解和看重。让对方感到你的真挚、亲切和可信时，你们之间的人际距离就会越来越近。如果你只是含糊地赞美对方，说一些"你工作得非常出色"或者"你是一位卓越的领导"等空泛飘浮的话语，就会让对方产生反感，认为你是个溜须拍马、别有用心的人，甚至对你产生怀疑，更别提会信任你了。

赞美要发自内心，只有真情实意的话语，才不会给人虚假和牵强的感觉。有真情实意的赞美既能体现人际交往中的互动关系，又能表达出自己内心的美好感受，对方也能够由衷地感受到你对他真诚的关怀。

虽然人都喜欢听赞美的话，但不是任何赞美都能使对方高兴。所以能引起对方好感的只能是那些基于事实、发自内心的赞美。相反，如果没有根据，虚情假意地赞美别人，会让人感到莫名其妙，更会觉得你油嘴滑舌、诡诈虚伪。例如，当你见到一位相貌平平的先生，却偏要对他说："你真太帅了。"

对方就会认为你说的是违心话，从而对你的第一印象大打折扣。但如果从他的服饰、谈吐、举止等方面的出众之处真诚地赞美，他就会高兴地接受，并对你产生好感。

3. 雪中送炭

俗话说："患难见真情。"最需要赞美的不是那些早已功成名就的人，而是那些因某种原因被埋没而产生自卑感或身处逆境的人。他们平时很难听到一句赞美的话语，一旦被你当众真诚地赞美，便有可能振作精神，大展宏图。所以，最有效的赞美是雪中送炭，而不是锦上添花。

4. 对事不对人

真诚赞美绝不是阿谀奉承。如果你的赞美毫无根据，只是说"你真是太好了"或者"我对你佩服得如滔滔江水连绵不绝"之类的话，恐怕没有什么人会认为你真的是对他们充满了善意吧！所以，一定要赞美事情本身，不要以人为对象，这样你的赞美才可以避免尴尬的情况发生。

5. 赞美要有新意

赞美如果再加上一些新意的话，赞美之术就更趋于完美，效果更佳了。

赞美的创新还应该根据不同的场合，双方的性格因素、文化背景、习俗等诸多因素来决定"新"的方式。

人品是一个重要的赞美题材。中国人自古以来就是一个重伦理、重道德的民族，所以人品成为中国人心目中一个非常崇高的东西。无论知识分子，还是从政从商者都视名誉为生命的重要部分。所以一些赞美之词都以人品为基点，利用专业化的语言来完成，从中翻出新意来。

地域文化背景、习俗等在赞美他人时也很重要。在西方，上司对下属的赞美一般情况下可以是"谢谢"，"你干得很出色"等寥寥数语，而在中国更可能是一顿饭，或者敬一支香烟。就国内而言，如果你面对的是山东人或东北人,你可以竖起大拇指,感叹一句:"你真行!"不知情者觉得你粗声大气,很不礼貌,但是被赞美者肯定会眉飞色舞地大声回敬一句:"你也不赖!"如果你忸忸怩怩,故作文雅,反而会引得人家的不高兴。

赞美的创新很重要,但更需要我们综合各方面的因素来翻出恰当的新意,否则便会弄巧成拙、适得其反。马克·吐温曾经说过:"一句好的赞美能够我十天的口粮。"我们每天都让新鲜的赞美流淌入他人的生活中,那么彼此的生活"食欲"就会增强。

赞扬他人要恰到好处

在和人交往的过程中,适当地赞美别人是有礼貌、有教养的表现,不仅可以获得好人缘,而且还可以使双方在心理和情感上靠拢,缩短彼此之间的距离。因为这些适当的赞扬,常常会适当提高他人的尊严,更有利于改善自己的人际关系。

一天,化妆品推销高手玫琳凯与朋友一起到成衣店里去逛,听到了旁边有两个女孩子在说话。两个女孩一个金发一个黑发。金发女孩买了一件新衣服,穿起来很好看,黑发女孩赞她:"刚才你放下的那件衣服,扣子挺漂亮的。"金发女孩突然有点生气:"那是什么破衣服,扣子难看死了,看看这个。"

这时,玫琳凯和朋友走了过去。玫琳凯面带笑容对金发女孩说:"这件衣服的领子很漂亮,衬得你的脖子像高贵的公主一样有气质,要是再配上一条项链,那就简直完美极了。"金发女孩很高兴,因为她也是这么想的。她骂黑发女孩没有欣赏眼光,黑发女孩不服气:"我也是这么觉得的,只不过没说出来罢了。"

玫琳凯对黑发女孩说:"其实你可以试一下那件,它特别能衬托出你优美的身材。"黑发女孩也高兴起来了。"当然,要是你们的脸再稍微护理一下,会显得气质更加优雅。"三人就开始聊起了美容化妆的话题,这是玫琳凯最擅长和最希望的。

后来,两人都成了她的忠实顾客。

还有一次,玫琳凯上门去推销化妆品,女主人非常客气地拒绝了她:"对不起,我现在没有钱,等我有钱了再买,你看可以吗?"

但细心的玫琳凯看到了女主人怀里抱着一条名贵的狗,知道"没有钱购买"只是她拒绝自己的一句托词。于是,她微笑着说:"您这小狗真可爱,一看就知道是很名贵的狗。"

"没错呀!"

"那您一定在这个狗宝宝身上花了不少的钱和精力吧?"

"对呀,对呀。"女主人开始很高兴地为玫琳凯介绍她为这条狗所花费的钱和精力。

玫琳凯非常专心地听着女主人兴奋地介绍,在一个非常适当的时机,她插了话:"那是肯定的,能够为名贵的狗花费足够的钱和精力的人,一定不是普通阶层。就像这些化妆品,价钱比较贵,所以也不是一般人可以使用得上的,只有那些高收入、高档次的女士,才享用得起。"

女主人听后,很高兴地买下了一套化妆品。

赞扬别人要恰到好处,很多人都不太了解这其中的学问。这是因为我们还不是十分了解人们多么希望自己的想法及喜好能获得支持,特别是企望明明是错误的想法,甚至是自己的小缺点,能得到他人的谅解与认同。如果我们只考虑自我的想法便对他人的习惯及服装等方面挑毛病,必然会对他人造成伤害;反之,若能加以认同,别人则会感到无限的欣喜。

这里要记住的是,虚伪地赞扬别人是不行的。比如你看到一个并不漂亮的女孩,不能称赞她太美丽,她会觉得你是在故意戏弄她或是你太虚伪。这里所起的效果实在太糟糕了。其实你不一定非要称赞她漂亮,你可以改为称赞她性格温和或有某种特长也是可以的。

第一章 >>> 口吐莲花
会说话的聪明女人惹人爱

一定要注意,不管称赞别人什么品质,都要实事求是,而不是挖空心思揣测。如果你想赞美一个人而又实在找不出他有什么值得赞扬的地方,那么,你可以赞美他的家庭、他的工作或和他有关的一些事物。

在心理学上,有一个术语叫做"晕轮效应",大致意思是对一个人有好感就可能喜欢和他有关的所有的事物和人,也比较容易接受他的观点和建议,也会觉得他所有的言行举止一切都很好。

贝蒂看中了一处房子,希望能把它租下来,但是据说房东很难缠,许多人试着要求降低租金,最后都失败了。不过,贝蒂还是想试一试,于是她约见了房东。

贝蒂站在门口,热情地等待着房东的到来。一开始她并不提及房租的事,只是闲聊,并表示自己非常喜欢这个房子。

"这里安静,光线也很好,你果真是有眼光,里面的装修也考虑得很周全,很有品位!"

房东听后喜滋滋的。的确,这栋房子无论是起初的选址、房屋设计还是室内装潢,都花费了他许多的心血。

"难得你和房子这么投缘,希望你能住得长久一些……"房东高兴地说。

"我也这么想,不过……"贝蒂略微迟疑了一下,"不过我实在负担不了这么昂贵的房租,恐怕我最多只能住两个月了……"

房东见她如此热情有礼,犹豫了一下,接着说:"以前几个房客总是不停地挑房子的毛病,让我很是恼火,要是他们都像你这样我就省不少心了……"最后房东主动减低租金,双方协商好彼此都能接受的价钱。

离开的时候,房东还关心地说:"如果房子还需要有什么维护的地方,你尽管打电话告诉我!"

如果贝蒂不是从对方的房子入手,恐怕她也难以达到自己的目的。

俗话说:"好语一句三冬暖,恶言出口六月寒。"女人要想长久保持自己的吸引力,不时给对方三两句赞美之语是绝佳处方。因此,女人要懂得赞美。

赞美是一种聪明的、隐藏的、巧妙的"献媚"。生活需要真正的赞美来调和，成功需要赞美来填充颜色。成功正是由于赞美才得以更加耀眼。而失落时也需要赞美，一条失败的路并不是一无是处，再丑陋的东西也会有美丽的一面。只有认真地发现值得赞美的点点滴滴，人们才能够看到充满阳光的明天。世界也正是由于这些赞美才变得如此扣人心弦，摄人心魄。

女人避免自己的一些过失的同时，要主动进攻，那赞美就是您的一件法器。人都有一种强烈的愿望——被人欣赏。赞美其实就是发现价值、提高价值。人们总是在寻找那些能够赞美自己的人。赞美不仅是对一个人能力的肯定，还给人以信心，能让对方充满自信地面对失败，面对成功，面对世间百态。

赞美不能忽视"小"

大多数人不愿从小事上去赞美别人，这是因为现实生活中的重重屏障，遮住了他们的视线。

其一，分工不同，责任不同，使人们认为别人做事是分内之事，是应该的，无须大惊小怪。做不好就要批评，做好了是责任。在这种心理的驱动下，很多人不能正视别人的小成绩。

其二，有人胸怀治国齐天下的大志，但眼高手低。对于"小打小闹"不以为然，认为那些事普普通通，没什么了不起，小菜一碟，形同虚无。

其三，周围的人对大家来说太熟悉了，因而产生了"熟人效应"，总认为要么就是区区小事，不足挂齿，不用说什么；要么就是熟视无睹。每天我们走在干干净净的马路上去上班，都觉得无所谓，脏了该骂清洁工。父母为我们呕心沥血，碾平了生活道路上的坎坷，我们却只知衣来伸手饭来张口，他们在我们眼里是"隐形人"。同事、亲戚、朋友时时都在关照我们,我们却受之泰然。

以上这些态度都是应当克服的。

就小事而论,它的确没有非常重要的意义,但用辩证法的观点去考察,却会发现一件小事往往会引发大事,几件小事加在一起就有可能产生意料之外的形态和意义。

小事犹如一块块未经雕琢的璞玉,如果你没有一双识别它们的慧眼,细心鉴别,它就永远埋在山野石林之中,很难发现其真正价值所在。

你了解周围每一个人的长处短处吗?你每天有没有看到周围细微的变化?你是否看到了别人哪怕是一丁点儿的优点?

无数的小事和有数的大事组成了我们繁杂的生活。如果我们只是睁大眼睛注视后者的"重大意义"、"历史性的价值",那么你会发觉生活很大程度上是虚空的,是乌托邦!我们的社会就像艾略特笔下的荒原!

相反,如果人人都去关注自己的周围,去发掘一滴水中的世界,那么在彼此的赞美声中,人们获得的是世间荡漾着的温情。

无论你是何许人,你的那些闪光之处(哪怕微乎其微)就会在明察秋毫的赞美的滋润下,使你获得了生存的真正感觉。

批评讲究艺术,良药不苦口

批评讲究艺术,才能既达到批评的目的,又不至于伤害每个人都拥有的自尊心。如果你一味地挖苦侮蔑,或者以对方的缺陷为笑柄,过分地伤害他的自尊,结果往往会适得其反。批评若能做到"良药不苦口",才算是真正做到家了,以下几条原则是批评艺术的集中表现。

1. 用恰当的连接词

许多人喜欢用先褒后贬的批评方法,其实这样未必有效。

例如一个老师对一个学生说:"你这学期的成绩有所提高,我真为你高兴。但是如果你的英语不偏科,在上面多下点儿工夫,那会更好的!"

这时,那学生在"但是"之前是接受的,但在"但是"之后他就会开始对老师表扬的诚意产生怀疑了。他甚至认为,表扬只是一个铺垫,目的却是对他偏科的批评,从而引起反感。这样就达不到我们批评的目的,并且让别人产生曲解。

这位老师也可以这样说:"你这学期的成绩有所提高,我真为你高兴。如果你下学期继续认真努力,那你英语成绩会像其他科目一样好的。"

这样,学生会欣然接受老师的表扬与批评的。

所以,建议你在批评别人时,尽可能把语句中的转折关系改成递进关系,这样效果会更好。

2. 谐音相关法

谐音相关法就是运用同音异义现象,一语双关,从侧面点出错误之处。

如:八里乡的路全是坑坑洼洼的泥路,可是乡领导却迟迟未能解决修路问题。一遇雨天,群众出行很不方便。

一天,县领导来视察,见到路面情况对乡领导说:"你们这里的路啊,下雨是'水泥路',晴天是'扬灰路'。"

在谈笑中,领导巧用谐音,从侧面指出当地的路需要加大力度治理。这样间接批评要比直接批评效果好。

3. 巧妙截取法

巧妙截取法就是利用截取意思相对或相反的成语、俗话和歇后语的方法,只说其中的一部分,而故意留下一部分让对方去想,去体会。

第一章 >>> 口吐莲花
会说话的聪明女人惹人爱

例如:一职员对领导不实而片面的批评不满,便说:"兼听则明啊……"尽管后半句的"偏听则暗"未说出口,但领导却已经意识到了自己的问题。

4. 以身作则暗示

敏感的人对直截了当的批评是深恶痛绝的,那么我们可以间接地提醒他们注意错误,这样做会取得意想不到的效果。

我刚上小学一年级时,班上同学都不知道做值日生的责任,所以有一个星期无人履行值日职责。但是班主任崔老师只是向大家说:"今后一周我做值日生。"

于是,每天放学时,我们看到老师打扫教室,摆正桌椅,关好门窗等。以后再让我们值日时,我们都按照老师的做法来做,大家都做得很好。就这样,我们在没有受到批评的情况下学会了做值日生。

老师的这种做法非常明智,虽然他没有批评我们,但是通过他的以身作则,我们却知道了如何做是对的。我们也不妨用以身作则的方法,暗示别人改变行为。

5. 使用旁敲侧击法

不直接批评对方,而用打比方、举例子的办法提醒对方,促使对方解除疑虑或恐惧,提高认识,改正缺点。

有时,无声的行为更甚于有声的批评。例如,有一个大老板开办了许多大商店,他每天都要到商店去看看。一天,他发现一个顾客在柜台前等着买东西,谁都没注意到他,售货员站在柜台的另一边正在聊天。这时,这个大老板没说一句话,只是自己站到柜台后面,给顾客拿了要买的东西。他的这种行动便是对售货员的无声批评。

6. 批评的重点不在错误

一般的批评,只是把重点放在对方的错误上,却并不指明对方应如何去纠正，因此收不到积极的效果。积极的批评，应在批评时，提出建设性意见，以利对方改正。被批评者也会更加认识到你批评得很有道理而心悦诚服。

7. 设身处地替对方想一想

设身处地有两种方法：一种是让被批评者站在批评者的角度，让他想一想："如果你是我，你想想，我出了这样的错，你批评不批评？"让他换个位置来认识自己的过错。二是让批评者站在被批评者的角度，假如我是他，我对自己的过失是否已经有了很深刻的认识，甚至会主动检讨而不希望被人严厉呵斥？

双方均为对方设身处地地想一想，在作出批评与接受批评方面就容易协调起来了。批评者也就能视对方过错认识程度的深浅而把握批评程度的分寸。

8. 批评要注意场合

某些批评本来是公正有理的，在某些情况下可能效果不错，但如果选的时间、地点不对，效果却截然相反。比如某人常常在同事面前被老板批评，他一定会感到羞辱窘迫，甚至是不满、愤怒。事后他最先想到的是同事们会有什么看法和想法，而不会注意到老板批评的内容。这样不但批评没有效果，反而会让他产生其他想法。所以，如果你希望自己的批评取得更大的效果，就应该注意说话的时间、地点，该一对一批评的就不能有第三者在场。当着不相干的第三者或众人之面直接批评某人，不仅使被批评者沮丧或气恼，还可能会使在场的每个人都感到尴尬，担心"下次会不会轮到我"，从而与你在心理上产生疏远感，等于是批评一个，得罪一群人。

9. 批评口气要尽量委婉

质问会让人产生一种不信任感，会把对方逼到敌对、自卫的死角。被训斥会让人觉得低人一等，被蔑视，感觉人格上受到污辱，会感到很压抑、反感。

而口气温和、委婉,会使对方心理上产生内疚感,从而愉快地接受批评。批评时,态度要诚恳,语气要温和。得体的语调、表情或其他的身体语言,可以避免彼此意见沟通时的敌意。

以上几种批评的方法若运用得合理恰当,能给批评方和被批评方都带来相对平和的心态和较好的结果,反之不但会伤了和气,还有可能造成不必要的误解和分歧。批评的目的是为了问题的解决,因而批评方式的采用是为了批评目的而服务的。只有批评方式恰当而合理,别人才会欣然接受。

"糖衣炮弹"的妙用

有很多时候,你对家人、对朋友,总觉得有些话不得不说,可是说了,反而把感情给伤害了,把事情给弄糟了。于是你就引用古语,替自己辩解,说什么"良药苦口,忠言逆耳"。

但是,为什么良药就非要苦得让人难以下咽呢?忠言为什么就一定要让人听了难受呢?医药科学发展至今,许多良药或包糖衣,或经蜜炙,已不苦口。语言科学发展至今,讲究批评的方式方法与语言艺术,已可做到忠言不逆耳,老少皆喜闻。

我们做了事情,说了话,写了文章,自己不放心,不敢下判断,这时候我们何尝不希望有人出来告诉我们哪点好,哪点不好。有的时候,我们会遇到一个人,他能够忠实地、大胆地指出我们的许多错误,正因为如此,我们就敬佩他、感激他,甚至永世不忘。

可是为什么也有些批评和忠告我们不爱听,我们听了就难受,就气愤,甚至感到自己的自尊心、自信心都受到了损伤?我们还会感到受了委屈、诬蔑以及侮辱？

一种苦味的药丸，外面裹着糖衣，使人感到甜味，容易一口吞到肚子里去。于是，药物进入胃肠，药性发生了效用，疾病就治好了。我们要对人说批评的话，在说以前，先给人家一番赞誉，使人先尝一点甜头，然后你再说批评的话，人家也就容易接受了。

有一天，某机关主任对他的下属说："你打字的速度真是越来越快了。"那位下属突然听到主任对她这样夸奖，受宠若惊，脸孔都红起来了。主任接下去又说道："可是，我希望你今后打字的时候，对标点符号注意一些才好。"她听了后高兴地答应了，以后的文件中标点符号果然规范多了。

主任如果不这么说，而直接对下属说，叫她对标点符号要特别注意，她心里就会觉得今天受了上司的责备，并感到十分羞愧，她也许为此有好几天都不愉快。她也许还要为自己辩护，说她自己是很小心的，因为原稿上有错误或是不太清楚的地方，所以她不能负这个错误的全部责任。这样一来，主任的规劝不但未起到作用，说不定还会由此惹来一些麻烦呢。

那么怎样的批评才能够做到忠言不逆耳呢？以下是语言大师们多年以来总结的一些原则，希望能够帮助你在批评别人时，既能提醒到别人的错误，但又不至于让对方不高兴，甚至因为理解你的批评从而与你的关系更加融洽。

原则一：真诚。在善意地批评别人时，用这样的话开头，可能效果更加好，"我曾经也犯过这样的错误"，"可能你也不明白什么地方出了错"等。真诚往往最能够打动人。

原则二：适度。批评最好点到为止，既往不咎。比如这样说："事情不发生也发生了，我们最重要的还是从中吸取教训吧。"

原则三：理解对方。谁愿意犯错误呢？特别是当事人内心已经很自责时，他们更加需要别人的心理支持。因此，多说说这样的话，远比批评更重要："我想你现在可能很难受。""抽空，我们找个时间，一起分析一下失误的原因，好吗？""我相信你下一次一定会做好的。"

原则四：切勿指责。指责只会让人与人之间陷入恶劣的情绪之中，导致影响理智和判断力。这样的话最好以后不要再说了："我都跟你说过多少遍了？""你为什么总犯同样的错误呢？""我看你真的是无药可救了！"

原则五：委婉暗示。面对直接批评时，任何人内心的第一反应都会不舒服，因为批评就是惩罚。暗示如同苦药丸外面的糖衣，利用含蓄的、委婉的方式，更能达到治病救人的最终目的。

原则六：分清对象。跟不同的人沟通，肯定要说不同的话。对长辈说的话跟晚辈不一样，男性跟女性不可能都一样，对朋友与对对手更是立场不一样，对家人与对同事考虑的问题不一样。千万不要使角色混乱，说出不合适的话，否则，批评的效果不但达不到，还伤了和气。很多话本身并没有问题，但用在不同场合、不同对象身上，就有可能闹大笑话。

例如，一个很自卑的人犯错时，我们给予其适当的安慰会胜过千言万语，因为他本身已经非常自责。对于一个很爱面子的人，我们一边批评一边给其台阶下，他会及时纠正自己的失误。而对于一个心服口不服的人，我们没有必要死抓不放，重要的还是看他的行动。

很多沟通失误，其症结在于角色不清。

如果很好地做到以上几点，那我们就可以让别人很高兴地接受我们的批评了。

以理服人，以情感人

我们总想让别人听了自己的一番劝解后，立刻点头叫好，改弦易辙，并称赞自己"一言惊醒梦中人"。事实却并非如此。别人的看法、想法、做法，不是一天形成的。"冰冻三尺，非一日之寒"，因此要对方改变看法也非一日之功。即使对方当时表示心悦诚服了,回去细想后可能还会固执己见。所以,要想彻底地说服对方,你还要通过事实,把道理讲得更透彻些。

1. 采用有力的数据

在劝说别人的过程中,统计数字和调查研究有很大的说服力。比如,"事故多发地段,请注意安全"和"这里一个月有3个人死于车祸",显然后者的作用会大得多。当然,如果不是非用不可,统计数字应该尽量少用。要知道,如果数字成堆,往往会使听者感到厌烦。

2. 运用经验和例证

我们做事受个人的具体经验的影响比受空洞的大道理的影响要大得多。对于一个病人来说,如果医生劝他服某种药物,那么即使医生再三证明这种药物有效,并且讲了许多的药理知识,病人总不免心存疑虑。但如果医生说:我自己也服过这种药,只用了一个疗程就痊愈了。听了这样活生生的个人体验,病人一定不会有顾虑了。

3. 论据要坚实

什么样的论据才有说服力呢？这是一个很值得重视的问题。一个很基本的要求就是论据要坚实可靠,不可使人产生不信任感。向听者提供切实的资料比提供主张更有力。但对于一个犹豫不决的人来说,资料来源也是很有影响的,并且其影响之深不亚于资料本身。这并非因为人们只信任特定来源而不信任其他的来源,而是因为他们听到引述的话来自十分可信的权威,便不会再为自己的成见辩护。这是一种非常奇妙的心理作用。不过,引述权威的意见也不宜过多。

4. 情理交融

一个小伙子因名落孙山想自杀,村里的一位老汉这样劝他:"如果都像

第一章 >>> 口吐莲花
会说话的聪明女人惹人爱

你这么想,我早该死了!我都70岁了,一辈子光棍一条。但我心里还是热腾腾的,想多活几年!因为我觉得活着还是有意思的。我用这双手种过五谷、栽过树、修过路……我栽下一棵树时,心里就想,我死了,后人在那棵树上摘果子吃,他们就会说,这是以前村里的光棍老汉栽下的……"

这位老汉通过自我人生体验的解剖,激起了小伙子生活下去的信心与希望。因为这种方式给人以推心置腹的平等感、亲切感和信任感,从而走进了对方的心里,让他接受了你及你的观点。

现身说法为什么会有如此之强的说服力、感染力?因为,以自己亲身的经历和遭遇劝导别人,感受真实,情真意切,容易引起对方的情感共鸣,这比只讲大道理当然更易说服人。

说服别人的6个妙法

在生活中需要说服的对象有很多,可能有你的父母、你的上司、你的顾客、你的朋友、你应聘的主考官……有时候,某些人欲在你身上实施犯罪行为的时候,你更应该临危不惧,巧妙地使用说服技巧,使他放下"屠刀",避免造成严重的后果。在生活中,随时可能遇到要说服别人的情况,如果不掌握技巧,说服就难以达到理想效果,为此本文总结了以下6个说服技巧供大家参考。

1. 调节气氛,以退为进

在说服时,你首先应该想方设法调节谈话的气氛。如果你和颜悦色地用提问的方式代替命令,并给人以维护自尊和荣誉的机会,气氛就是友好而和谐的,说服也就容易成功;反之,在说服时不尊重他人,拿出一副盛气凌人的架势,那么说服多半是要失败的。毕竟人都是有自尊心的,就连三岁孩童也有他们的自尊心,谁都不希望自己被他人不费力地说服而受其支配。

有一位中学老师接了一个差班班主任的工作,正好赶上学校安排各班级学生参加平整操场的劳动。这个班的学生躲在阴凉处谁也不肯干活,老师怎么说都不起作用。后来这个老师想到一个以退为进的办法,他问学生们:"我知道你们并不是怕干活,而是都很怕热吧?"学生们谁也不愿说自己懒惰,便七嘴八舌地说,确实是因为天气太热了。老师说:"既然是这样,我们就等太阳下山再干活,现在我们可以痛痛快快地玩一玩。"学生一听就高兴了。老师为了使气氛更热烈一些,还买了几十根雪糕让大家解暑。在说说笑笑的玩乐中,学生接受了老师的说服,不等太阳落山就开始愉快地劳动了。

2. 争取同情,以弱克强

如果你想说服比较强大的对手时,不妨采用这种争取同情的技巧,从而以弱克强,达到目的。

有一个15岁的山区小姑娘,不幸被拐到上海卖淫。当天晚上,天下着小雨,小姑娘的房门被打开了,一个中年上海男人走了进来。小姑娘的心跳到了嗓子眼儿。不过,她还是很快地镇静下来,机智地叫了声:"伯伯!"中年男人一愣,人像是被魔法定住了似的。小姑娘小心翼翼地说:"我一看伯伯就是好人,看你的年龄,与我爸差不多,可我爸就比你苦多了,他在乡下种田,去年栽秧时,他热得中暑……"说着说着,眼泪就哗哗地流下来。男人的脸涨得通红,短暂的沉默后,低低地说了一句:"谢谢你,小姑娘。"然后开门走了。面对强壮的男人,何不让自己显得更弱小,来激发他的同情心呢?聪明的小姑娘正是这样做的。一句"伯伯",一下子拉开了两人年龄距离,让男人不由得想起自己那同样处于花季的儿女。同情的种子开始在他心头萌发了。接着小姑娘又不失时机地给他戴上一顶"好人"的帽子,诱导他的心理向"好人"标准看齐。用"我爸"和男人对比,进一步强化了男人的同情心理。

3. 善意威胁，以刚制刚

很多人都知道用威胁的方法可以增强说服力，而且还不时地加以运用。这是用善意的威胁使对方产生恐惧感，从而达到说服目的的技巧。

在一次集体活动中，当大家风尘仆仆地赶到事先预定的酒店时，却被告知当晚因工作失误，原来订好的套房（有单独浴室）中竟没有热水。为了此事，领队约见了酒店经理。

领队：对不起，这么晚还把您从家里请来。但大家满身是汗，不洗洗澡怎么行呢？何况我们预定时说好供应热水的呀！这事只有请您来解决了。

经理：这事我也没有办法。锅炉工回家去了，他忘了放水，我已叫他们开了集体浴室，你可以去洗。

领队：是的，我们大家可以到集体浴室去洗澡，不过话要讲清，套房一人150元一晚是有单独浴室的。现在到集体浴室洗澡，那就等于降低到通铺水平，我们只能照通铺标准，一人降到50元付费了。

经理：那不行，那不行的！

领队：那只有供应套房浴室热水。

经理：我没有办法。

领队：您有办法！

经理：你说有什么办法？

领队：您有两个办法：一是把失职的锅炉工找回来；二是您可以给每个房间拎两桶热水。当然我会配合您劝大家耐心等待。

这次交涉的结果是经理派人找回了锅炉工，40分钟后每间套房的浴室都有了热水。

威胁能够增强说服力，但是，在具体运用时要注意以下几点：第一，态度要友善。第二，讲清后果，说明道理。第三，威胁程度不能过分，否则会弄巧成拙。

4. 消除防范，以情感化

一般来说，在你和要说服的对象较量时，彼此都会产生一种防范心理，尤其是在危急关头。这时候，要想使说服成功，你就要注意消除对方的防范心理。如何消除防范心理呢？从潜意识来说，防范心理的产生是一种自卫，也就是当人们把对方当做假想敌时产生的一种自卫心理，那么消除防范心理的最有效方法就是反复给予暗示，表示自己是朋友而不是敌人。这种暗示可以采用种种方法来进行，嘘寒问暖，给予关心，表示愿给帮助等等。

有个"的姐"（出租车女司机）把一男青年送到指定地点时，对方掏出尖刀逼她把钱都交出来，她装做害怕样交给歹徒300元钱说："今天就挣这么点儿，要嫌少就把零钱也给你吧。"说完又拿出20元找零用的钱。见"的姐"如此爽快，歹徒有些发愣。"的姐"趁机说："你家在哪儿住？我送你回家吧。这么晚了，家人该等着急了。"见"的姐"是个女子又不反抗，歹徒便把刀收了起来，让"的姐"把他送到火车站去。见气氛缓和，"的姐"不失时机地启发歹徒："我家里原来也非常困难，咱又没啥技术，后来就跟人家学开车，干起这一行来。虽然挣钱不算多，可两口子过得也不错。何况自食其力，穷点儿谁还能笑话我呢！"见歹徒沉默不语，"的姐"继续说："唉，男子汉四肢健全，干点儿啥都差不了，走上这条路一辈子就毁了。"火车站到了，见歹徒要下车，"的姐"又说："我的钱就算帮助你的，用它干点正事，以后别再干这种见不得人的事了。"一直不说话的歹徒听罢突然哭了，把300多元钱往"的姐"手里一塞说："大姐，我以后饿死也不干这事了。"说完，低着头走了。在这个事例中，"的姐"典型地运用了消除防范心理的技巧，最终达到了说服的目的。

5. 投其所好，以心换心

站在他人的立场上分析问题，能给他人一种为自己着想的感觉，这种投其所好的技巧常常具有极强的说服力。要做到这一点，知己知彼十分重要，唯先知彼，而后方能从对方立场上考虑问题。

某精密机械工厂生产某项新产品,将其部分部件委托小工厂制造。当该小厂将零件的半成品呈示总厂时,不料全不合该厂要求。由于迫在眉睫,总厂负责人只得令其尽快重新制造,但小厂负责人认为他是完全按总厂的规格制造的,不想再重新制造,双方僵持了许久。总厂厂长见了这种局面,在问明原委后,便对小厂负责人说:"我想这件事完全是由于公司方面设计不周所致,而且还令你吃了亏,实在抱歉。今天幸好是由于你们帮忙,才让我们发现竟然有这样的缺点。只是事到如今,事情总是要完成的,你们不妨将它制造得更完美一点,这样对你我双方都是有好处的。"那位小厂负责人听完,欣然应允。

6. 寻求一致,以短补长

习惯于顽固拒绝他人说服的人,经常都处于"不"的心理状态之中,所以自然而然地会呈现僵硬的表情和姿势。对付这种人,如果一开始就提出问题,绝不能打破他"不"的心理。所以,你得努力寻找与对方一致的地方,先让对方赞同你远离主题的意见,从而对你的话感兴趣,而后再想法将你的主意引入话题,而最终求得对方的同意。

有一个小伙子固执地爱上了一个商人的女儿,但姑娘始终拒绝正眼看他,因为他是个古怪可笑的驼子。这天,小伙子找到姑娘,鼓足勇气问:"你相信姻缘天注定吗?"姑娘眼睛盯着天花板答了一句:"相信。"然后反问他,"你相信吗?"他回答:"我听说,每个男孩出生之前,上帝便会告诉他,将来要娶的是哪一个女孩。我出生的时候,未来的新娘便已经配给我了。上帝还告诉我,我的新娘是个驼子。我当时向上帝恳求:'上帝啊,一个驼背的妇女将是个悲剧,求你把驼背赐给我,再将美貌留给我的新娘。'"当时姑娘看着小伙子的眼睛,并被内心深处的某些记忆搅乱了。她把手伸向他,之后成了他最挚爱的妻子。

说软话，服人心

有时，人难免因一时糊涂做一些不适当的事。遇到这种情况，就需要把握指责别人的分寸：既要指出对方的错误，又要保留对方的面子。这种情况下，如果分寸把握得不当，或者会使对方很难堪，破坏了交往的气氛和基础，并带来一系列严重的后果；或者让对方占便宜的愿望得逞，给自己造成不必要的损失。

一位干部到广州出差，在街头小货摊上买了几件衣服，付款时发现刚刚还在身上的一百多元外汇券不见了。货摊只有他和姑娘两人，明知与姑娘有关，但他没有抓住把柄。当他提及此事时，姑娘翻脸说他诬陷人。

在这种情况下，这位干部没有和她来硬的，而是压低声音，悄悄地说："姑娘，我一下子照顾了你五六十元的生意，你怎么能这样对待我呢？你在这个热闹街道摆摊，一个月收入几百上千，我想你绝对看不上那几张外汇券的。再说，你们做生意的，信誉要紧啊！"

他见姑娘似有所动，又恳求道："人家托我买东西，好不容易换来百把块外汇券，丢了我真没法交待，你就替我仔细找找吧，或许忙乱中混到衣服里去了。我知道，你们个体户还是能体谅人的。"

姑娘终于被说动了，她就坡下驴，在衣服堆里找出了外汇券，不好意思地交给他。

说软话会让对方觉得自己是在吃糖，心里甜甜的。在上述事例中，这位干部的一番至情至理的说辞，不但使钱失而复得，而且还可能挽救了一个几乎沦为小偷的青年。

现实生活中，人们普遍存在着吃软不吃硬的心态。特别是性格刚烈、很有主见的人，你如果说硬话，比如以命令的口吻，对方不但会不理睬，说不定比你更硬；你如果来软的，对方反倒产生同情心，纵使自己为难，也会顺从你的要求。

恳求就属于软话的一种。有很多时候,你要想说服人,说软话要比说硬话效果好得多。然而恳求并不是低三下四地哀求,而是一种智斗,是一种心理交锋。通过恳求的语言启发、开导,暗示对方并使对方按你的意思行事。

善言也要善劝

谁不喜欢听好话,聪明女人结交朋友要会说话,说好话。

没有人不喜欢听到别人说自己的好处,自己的优点。有些人往往不注意自己的谈话方式,话语里挑别人的毛病,而不善于真诚地赞美一下别人的优点,结果常常不受欢迎。

1. 善言先要善赞

京城里有个高官,他的朋友考中了状元,临走向他告别。高官对朋友说:"外出做官千万小心谨慎。"朋友回答道:"请兄台放心,我已准备了一百顶高帽子,到了地方上,每人送一顶,保管人人高兴。"高官听了,脸沉了一下,说:"咱们都是正人君子,不能搞阿谀奉承那一套。"朋友一笑,说:"您说的也是,可惜天下像您这样的不爱听奉承的人太少了,要是天下的人都像您这样,可就太好了。"高官听了十分高兴,抚髯说:"你说的也有道理。"

这就叫善赞,赞得让别人高兴,且又不露痕迹。那高官怎么也没想到他的朋友已送了一顶高帽给他,这也正是高明所在。

2. 善赞要投其所好

试想,一个追求道德美名的人,你若与他谈功名利禄,就会被看不起;若与一个崇尚利禄的人交友,必定不可与之谈道义,否则,亦会被敬而远之。唯有先探求对方的心理,用得体的语言打动对方,才能赢得好感。

清代大学者纪晓岚与乾隆皇帝虽是君臣,实有朋友之谊。一次,纪晓岚因天气太热,脱了个赤膊乘凉。乾隆忽然到来,他来不及回避,就躲到床下。过了好久,以为皇帝走了,便问书童:"老头子走了没有?"岂料,乾隆并未走,并要他解释"老头子"是什么意思。纪晓岚道:"万岁为'老',人为首称'头','子'乃圣贤之尊称。"乾隆听罢一笑置之。

用"老头子"来称呼皇帝是大不敬的,但经过机智的巧辩,居然成了尊崇的意思。当然,乾隆并非没文化,未尝不知他是即兴胡诌,放过他,显然是欣赏他处变不惊的幽默趣味。一个有幽默感的人,所到之处往往是有笑语和快乐伴随,处处受人喜欢。

3. 善言还要善劝,就是善于说服别人

1939年10月11日,美国经济学家兼总统罗斯福的私人顾问亚历山大·萨克斯,受爱因斯坦的委托,在白宫同罗斯福进行了一次具有历史意义的会谈。

萨克斯的目的是说服总统重视原子弹研究,抢在纳粹德国前面制造原子弹。他先向罗斯福面呈了爱因斯坦的长信,继而又读了科学家们关于核裂变的备忘录。但总统听不懂深奥的科学论述,反应冷淡。

总统说:"这些都很有趣,但政府现在干预此事还为时过早。"萨克斯讲得口干舌燥,只好告辞。罗斯福为了表示歉意,请他第二天共进早餐。

萨克斯的劝说失败了,他犯了一个错误,科学家的长信和备忘录并不适合总统的口味。

事情还没有结束。

由于事态严重,没有能够说服罗斯福的萨克斯整夜在公园里徘徊,苦思冥想说服总统的好办法。

第二天,萨克斯与罗斯福共进早餐。萨克斯尚未开口,总统就以守为攻

第一章 >>> **口吐莲花**
会说话的聪明女人惹人爱

地说:"今天不许再谈爱因斯坦的信,一句也不许说,明白吗?"

"我想谈点历史。"萨克斯说,"英法战争期间,拿破仑在欧洲大陆上耀武扬威,不可一世,但在海上作战却屡战屡败。一位美国的发明家罗伯特·富尔顿向他建议,把法国战舰上的桅杆砍掉,撤去风帆,装上蒸汽机,把木板换成钢板。"萨克斯很悠闲地拿起一片面包涂抹果酱,罗斯福也知道他是在吊自己胃口,问:"后来呢?""后来,拿破仑嘲笑了富尔顿一番:'军舰不用帆?靠你发明的蒸汽机?哈哈,简直是天大的玩笑!'可怜的年轻人被轰了出去。拿破仑认为船没有帆不可能航行,木板换成钢板船就会沉。"萨克斯开始用深沉的目光注视着总统,"历史学家们在评论这段历史时认为,如果拿破仑采纳富尔顿的建议,那么,十九世纪的历史就得重写。"

罗斯福沉思了几分钟,然后取出一瓶拿破仑时代的白兰地,斟满。把酒杯递给萨克斯说:"你胜利了!"

萨克斯这招"前车之鉴"说服了罗斯福,从而引起了后来举世瞩目的变化。

可见,善劝要灵活机智,不可强求就事论事,旁敲侧击、抛砖引玉都不失为好方法。

善劝不但可以说服你的朋友,使他接受你的主意,而且不伤和气,甚至更加密切。罗斯福的英明决断引起了万民景仰,而那位私人顾问与他的关系就更为亲密了。

善劝的人善于思考,罗斯福的重大决议是萨克斯整夜徘徊的结果。

善劝还需通晓许多知识,抛砖引玉、吹箫引凤,需要知道历史典故、陈年旧事,因为事实强于雄辩。

善劝还要注意身体语言,比如说诚恳的表情、专注的眼神。善于说服别人,无疑等于掌握了一把通向方便之门的钥匙,用的时候,便可信手拈来。

善言的聪明女人,既获得了朋友的欢心,为自己的人脉不断丰富资源,又方便了自己。

拒绝是一门艺术

生活中，人人都面临着拒绝别人要求的问题，但拒绝是一门艺术，不同的拒绝方法有不同的结果。美国前总统罗斯福在就任总统之前，曾在海军部担任要职。

有一次，他的一位好朋友向他打听海军在加勒比海一个小岛上建立潜艇基地的计划。罗斯福神秘地向四周看了看，压低声音问道："你能保密吗？""当然能。""那么，"罗斯福微笑着看着他，"我也能。"他的朋友明白了他的意思，不再打听了。

拒绝他人，是一种应变的艺术。因为难于拒绝别人的要求，于是连那些自己干不来的事情也接了下来，结果使对方的期待落空，因而破坏了彼此之间的友谊，这种例子是屡见不鲜的。但不懂得拒绝的技巧，过于直接地拒绝对方，也会影响双方关系，甚至被人误会并结下仇怨，使自己陷于十分不利的境地。所以，应学会运用智慧，巧妙地使用拒绝的话语，以坚持自己的意志，摆脱不利的局面，同时也能维持双方的关系。

罗斯福显然深谙拒绝的艺术，其语言具有轻松幽默的情趣，表现了罗斯福的高超水平。在朋友面前既坚持了不能泄露秘密的原则立场，又没有使朋友难堪，取得了极好的语言交际效果。以致在罗斯福死后多年，这位朋友还能愉快地谈及这段总统逸事。相反，如果罗斯福义正词严地加以拒绝，甚至心怀疑虑，认真盘问对方为什么打听这个，有什么目的，受谁指使，岂不是小题大做，有煞风景，其结果必然是两人之间的友情出现裂痕甚至危机！

与人相处，我们经常会面对他人的请求，比如借钱，帮忙做某事等等。如果我们对这些请求并不愿意接受，却又不好意思说"不"，我们就会使自己陷入十分为难的境地，或者违心地答应下来，心里却别别扭扭；或者假装答应却不做,失信于人……

一般来说,我们应该尽可能地帮助他人,因为乐于助人是我们做人的一种美德,但帮助别人不能没有原则。

例如,你在法院工作,你的一个朋友的亲戚犯了法,正好由你审理。朋友的亲戚托他给你送来5000元钱,要你网开一面,从轻发落。如果你接受了钱,那么你就是知法犯法,到时弄不好会给自己招惹不必要的麻烦。

拒绝是一门学问,稳妥的拒绝既消除了自己的尴尬,又不让对方无台阶可下,这就需要采取适当的方式。

拒绝的艺术可归纳为以下几点:

1. 委婉含蓄拒绝法

这种拒绝法不就事论事直接拒绝,而是通过顾左右而言,间接地、巧妙地、委婉地加以拒绝。这种拒绝法特别适宜于有人为某事向你求情而你在原则上又不能答应的情况。清代的郑板桥拒说情事,便是运用这种方法的生动例子。

郑板桥在当潍县县令时,查处了一个叫李卿的恶霸。

李卿的父亲李君是刑部大官,急忙赶回潍县为儿子求情。

李君以访友的名义拜访郑板桥,郑知李的来意,故意不动声色地看李君如何扯到正题。李君看到郑板桥房中有文房四宝,于是向郑板桥要来笔墨纸砚,提笔在纸上写道:"燮乃才子"。郑板桥一看,人家是在夸自己呢,自己也得表示表示,于是也提笔写道:"卿本佳人"。李君一看心里一亮:"郑兄,此话当真?""君子一言,驷马难追!""我这个'燮'字可是郑兄大名,这个'卿'字……""当然是贵公子宝号啦!"李君心里高兴极了:"承蒙郑兄关照。既然我子是佳人,那就请郑兄手下留情。"

"李大人,你怎么糊涂了?唐代李延寿不是说过'卿本佳人,奈何作贼'吗?"李君脸一红,只好拱手作别了。郑板桥巧妙地利用李卿的"卿"与现成话"卿本佳人,奈何作贼"的"卿"字同音同义关系,委婉含蓄地拒绝了李君的求情,既坚持了原则,又不使对方太难堪。

2. 先退后进拒绝法

先不把自己的反对意见说出来，相反，先退一步，表示同意对方的看法，再针对对方所提出的问题摆出自己的不同看法。这种方法特别适宜于对权威性人士的意见加以拒绝，使对方不失体面。例如：

在德国某电子公司的一次会议上，公司经理拿出一个他设计的商标征求大家的意见。他认为商标所设计的主题是旭日，很像日本人的国徽，日本人肯定会喜欢的，在座的其他人都表示赞同经理的设计，只有年轻的销售部主任迟迟不语。经理问他："你看哪儿设计得不好？"年轻的销售部主任笑笑说："我恐怕它设计得太好了。"经理不解地看着他，示意他继续说下去。销售部主任说："的确，商标的主题设计得像日本的国徽，日本人肯定会喜欢。但您没考虑别的重要市场，中国人一想到这是日本国徽，肯定不会喜欢的，并且会产生反感。他们不买我们的商品，我们岂不失去了一个大市场？显然这是顾此失彼，您看呢？""真的，我怎么忘了这一点呢，差点儿犯了个大错。"经理马上放弃了原来的设计。

在这个例子中，一句"我恐怕它设计得太好了"，先退一步，让经理得些心理上的满足，然后再提出自己的反对意见，使经理体面地接受自己的合理建议。

3. 强调客观拒绝法

这是一种强调说明主观上我是愿意尽力帮忙的，但是客观上却有许多障碍，我确实是爱莫能助，以客观的诸多原因来加以拒绝的方法。比如当推销员死气白赖要你购买他的商品时，你不妨说："我很想买你的东西，但我丈夫不一定喜欢，再说，我们现在资金也比较紧张，实在是没办法。"当你的一个熟人想托你的关系到你公司供职，而你觉得他不适合公司的工作时，你也可以这么说："从个人感情上我很希望你来我们公司，但按公司规定，公司人员的招聘需要两人推荐，严格考核，经理会上正式讨论通过方可。我一个人的话是不算数的，我实在是无能为力。"尽可能地向对方陈述一些客观上的障碍,让对方觉得确实不是你个人所能办到的,从而使你的拒绝合情合理。

4. 诱使对方自我否定拒绝法

你认为对方要求不合理,又不便直接向对方提出来,不妨玩点小花样,设下圈套,诱使对方自己否定自己。这种方法要求拒绝者在拒绝回答对方提出的问题和要求时,反应灵敏、机智,不露破绽地令对方落入你的圈套。一位颇有成就的室内装饰师说,他从来对其委托人不切实际的观点不加以正面拒绝,相反,他总是开导他们趋向自己的意见。有一次,一位妇女看中了一块花里胡哨的印花布做窗帘,他便提醒说:"我们先弄清你到底给窗帘派什么用场。"然后,这位装饰师就何种织品与现代装饰最为协调议论了一番。那位妇女很快就把印花布忘得一干二净了。

5. 给对方提出合理建议拒绝法

在阐述自己无法帮助对方的苦衷时,不失时机地给对方提出一些合理的建议,帮助对方想其他的点子,指明方向,使对方感到你在间接地帮助他,这样就弥补了因拒绝而造成的不快。三国时刘备十分器重徐庶的才能,希望他能留下来长期任职,徐庶因为母亲的缘故谢绝了刘备的好意,临走给刘备推荐了一位足智多谋的人物诸葛亮。这样徐庶的拒绝不仅没有让刘备感到丝毫的不快,相反,刘备长期把徐庶视为挚友。

拒绝有理,他人无语

1. 把难处说出来

如果是举手之劳的事,想必谁都会答应对方的请求,但我们所面对的事情往往并不是想象中那样容易。这时,我们也不要为难自己,而是把难处说出来让对方知道你拒绝他的原因是什么。

2. 把对方的暗示挡回去

对方提出请求后,不马上回答,而是先讲一些理由诱使对方自我否定,自动放弃原来提出的请求,以减少对方遭到拒绝后的不快。

两个打工的老乡找到城里工作的李某,诉说打工的艰难,一再说住店住不起,租房又没有合适的,言外之意是要借宿。

李某听后马上暗示说:"是啊,城里比不了咱们乡下,住房可紧了。就拿我来说吧,这么两间耳朵眼大的房子,住着三代人。我那上高中的儿子,晚上只得睡沙发。你们大老远地来看我,应该留你们在我家好好地住上几天,可是做不到啊!"两位老乡听后,就非常知趣地走开了。

有些求人的人,由于种种原因,不好意思直接开口,喜欢用暗示来投石问路,这时你最好用暗示来拒绝。

3. 让对方也理解你的苦衷

"小张,请你今天把这一叠演讲稿抄一遍。"王科长指着厚厚一叠至少有三四十页的稿纸对秘书小张说。

小张看着厚厚的稿子,很为难地说:"这么多,抄得完吗?"

"抄不完吗?那请你另觅轻松的去处吧!"

也许科长正在气头上,于是小张被炒了鱿鱼。

小张的被炒实在令人惋惜,然而这也是可以想象的。像他这样生硬直接地拒绝上级的要求,给上级的感觉是他在对抗,不服从指示,因而扫了上级的威信。所以,小张被炒也就难免了。其实,他不妨立即搬过那一堆稿子埋头就抄起来,过一两个小时后,把抄好了的交给科长,再委婉地表示自己的困难,那么科长肯定会很满足于自己说话的威力,并会因意识到自己要求的不合理而延长时限。如果小张这样做的话,他就不至于被解雇。

我们也常会碰到一些来自上级、同事、朋友、邻居的要求,如果你确实力不能及,千万不要马上表示不可接受,而应先谢谢他对你的信任和看重,并表示很乐意为他效劳,再含蓄地说明自己爱莫能助的原因。这样,彼此都可以接受,不至于把事情弄得很不愉快。

4. 陈明利害关系

在遇到亲戚朋友委托你办事而你无法办到的时候,要讲清道理,陈明利害关系,明确地加以拒绝。这样,朋友会理解你,大家以后也不会麻烦你了。

小辉的舅父是一家石油厂的厂长。小辉同朋友一起合开了一家加油站,想让舅父给批点儿"等外油",这样可降低成本。

舅父诚恳地对小辉说:"我是厂长,的确我打个招呼,你就可以买到'等外油'。但我不能为你说这个话,这是几千人的厂子,不是我一个人的。我只有经营权,没有走后门的权利。你是我的外甥,你也不愿意看到我犯错误,而让大家指指点点吧。生活上有什么困难,我可以帮助你,这个要求我不能答应,我不能用厂长的权力为亲属谋私利呀!"

小辉听了舅舅的话,什么说的也没有了,从此他再也不给舅舅找类似的麻烦了。

5. 降低对方的期望

大凡来求你办事的人,都是相信你能解决这个问题,对你抱有很高的期望。一般来说,对你抱有的期望越高,你越是难以拒绝。在拒绝时,倘若多讲自己的长处,或过分夸耀自己,就会在无意中抬高了对方的期望,增大拒绝的难度。如果适当地讲一讲自己的短处,就降低了对方的期望。在此基础上,抓住适当的机会多讲别人的长处,就能把对方求助的目标自然地转移过去。这样不仅可以达到拒绝的目的,而且使被拒绝者因得到一个好的建议,由意外的惊喜所产生的欣慰心情而取代了原有的失望与烦恼。

滴水不漏,聪明女人的说话技巧

说话说到位
说话看对象,办事不难
看准对方的性格,投其所好
因人而异,说话能赢得好感
送人美名,抬高对方也是给自己铺路
学会给别人戴高帽
高帽子不能自己戴
三思而后言
酒桌上的语言奥妙
幽默,女人的超级武器

说话说到位

人与人之间沟通,懂得如何说话、说些什么话、怎么把话说到对方心坎里,这些都是很重要的。嘴上功夫看似雕虫小技,却有可能因此扭转你的一生。

西汉初年,汉高祖刘邦打败项羽,平定天下之后,开始论功行赏。这可是攸关后代子孙的万年基业,群臣们自然当仁不让,彼此争功,吵了一年多还吵不完。

汉高祖刘邦认为萧何功劳最大,就封萧何为侯,封地也最多。但群臣心中却不服,私底下议论纷纷。

封爵受禄的事情好不容易尘埃落定,众臣对席位的高低先后又起争议,许多人都说:"平阳侯曹参身受七十处伤,而且率兵攻城略地,屡战屡胜,功劳最多,应当排他第一。"

刘邦在封赏时已经偏袒萧何,委屈了一些功臣,所以在席位上难以再坚持己见,但在他心中,还是想将萧何排在首位。这时候,关内侯鄂君已揣测出刘邦的心意,于是就顺水推舟,自告奋勇地上前说道:"大家的评议都错了!曹参虽然有战功,但都只是一时之功。皇上与楚霸王对抗五年,时常四处逃避,萧何却常常从关中派员填补战线上的漏洞。楚、汉在荥阳对抗好几年,军中缺粮,也都是萧何辗转运送粮食到关中,粮饷才不至于匮乏。再说,皇上有好几次避走山东,都是靠萧何保全关中,才能顺利接济皇上的,这些才是万世之功。如今即使少了一百个曹参,对汉朝有什么影响?我们汉朝也不必靠他来保全啊!你们又凭什么认为一时之功高过万世之功呢?所以,我主张萧何第一,曹参居次。"

这番话正中刘邦的下怀,刘邦听了,自然高兴无比,连连称好,于是下令萧何排在首位,可以带剑上殿,上朝时也不必急行。而鄂君因此也被加封为"安平侯",得到的封地多了将近一倍。他凭着自己察言观色的本领,能言善道,舌灿莲花,享尽了一生荣华富贵。

说话,要懂得什么时候说什么话;说了,还要为自己说过的话负责。一个人如果不是真材实料,如果没有真知灼见,从他嘴里吐出来的话也许能一时吸引他人,却不能一世蒙蔽他人。

说话看对象,办事不难

如果我们说话不看对象,不仅达不到找人办事的目的,往往还会伤害双方的感情。因此,会说话与会求人是不可分的,话说得到位,对方就容易接受你的请求。显然,说话水平的高低,已成为一个人找人办事是否成功的关键因素。所以,在找人之前最好能够在语言上动动脑筋。

说话看对象,究竟要看对象的哪些方面呢?

1. 看对象身份,审时度势再开口

无论在哪个国家、什么时代,人们的地位等级观念都是很强的。对方的身份、地位不同,你说话的语气、方式以及办事的方法也应有异。如果不明白这一点,对什么人都是一视同仁,则很可能会被对方视为无大无小,无尊无赖。尤其当对方是身份地位比你高的人时，他会认为你没有教养，不懂规矩，因而他不喜欢听你的话，不愿帮你的忙，或者有意为难你，这样就可能阻碍了你办事的路子，使所办之事遇到障碍。

聪明人都是懂得看对方的身份、地位来说话办事的，这也是自己办事能力与个人修养的体现。平常我们所说的"某某人会办事"，很大程度上就体现在"见什么人说什么话"的才智上。这样的人不只当领导的器重他，做同事的也不讨厌他，这样，他们办起事来就比较容易。来看下面的事例：

明朝开国皇帝朱元璋，少年时当过放牛郎，交了一些穷朋友。称帝后，有两个从前的穷朋友来见他。因两人的话说得不一样，两人的命运也各不一样。

第一个人被引进宫内，他一坐下便指手画脚地说："我主万岁！皇上还记得吗？从前你和我都替财主放牛。有一天我在芦花荡里，把偷来的青豆放在瓦罐里煮。没等煮熟，大家就抢着吃。你把罐子都打烂了，撒了满地的青豆，汤都泼在地上了。你只顾从地上抓豆吃，不小心把草叶送进嘴里，卡住了喉咙，还是我的主意，叫你把青菜叶吞下，才把卡在喉头的草叶咽进肚里去。"朱元璋听了他的述说，在百官面前哭笑不得，为了保住体面，他把脸一沉厉声喝道："哪来的疯子，给我乱棍打出去！"

这个抱头窜出的倒霉蛋，去给朱元璋的另一位旧友——昔日的同路放牛娃说了这件事。那个放牛娃抿嘴一笑，说："你看我去，保得富贵。"于是他大摇大摆走进宫来，一见朱元璋，倒头便拜，然后叙起旧来："皇上还记得吗？当年微臣随着你大驾，骑着青牛去扫荡芦州府，打破了罐州城，汤元帅在逃，你却捉住了豆将军，红孩儿挡在了咽喉之地，多亏菜将军击退了他。那次战斗我们大获全胜。"朱元璋对旧友吹嘘的那场战争心知肚明，但他却把丑事说得含蓄动听，面上有光，又想起当年大家饥寒交迫有难同当的情景，心情激动，立即封这位旧友为御林军总管。

对于同一件事，一个是直通通地说，结果被赶出去；一个委婉曲折地说，结果做了大官。话说得不一样，效果也会有天壤之别。在这个例子中，朱元璋的身份已不是昔日的放牛娃了,若不审时度势,非但求人不成,可能还会惹来祸端。

2. 看对象文化素质,有的放矢功自成

很多人都知道,做生意的时候,不借助他人的力量是不可能的。既然有求于人,就难免在别人面前自觉低人一等,少不了看人脸色,讨好别人。有时候可能事办不成,碰个软钉子还算走运,假如碰个硬钉子,又碰了一鼻子灰,甚至鼻青脸肿,那就严重了。

进庙烧香要看神,办事说话要看人。做人应该进退自如,说话必须面面俱到、游刃有余。话总是说给别人听的,言语表达一定要看办事所找的对象,要受对象的身份、职业、经历、文化修养、性格、处境和心情制约。射箭不看靶子,弹琴不看听众,说话无的放矢,办事效果肯定好不了。我们看看陈先生是怎么办事的,结果又是怎么样的:

陈先生的儿子要做生意,需要付先生帮忙,于是,陈先生就想着替儿子打通关系。一天,陈先生和他老伴到百货公司去买夏装,正遇上付先生一家三口也在选购夏衣。陈先生一看是个机会,于是,上前去和付先生说话。陈老先生本是教古代汉语的,是位古道热肠的忠厚长者。他上前去和付先生打了一个招呼,当他见那付太太为她十六七岁的女儿买连衣裙,正不知买紧身的好还是宽松的好时,陈老先生自告奋勇地上前独抒己见:"付太太这么疼爱女儿,贵千金正值破瓜之年,敝人陋见还是买宽松的为好……"陈老先生的话还没说完,付太太的脸就变成铁青色了,开口骂起来:"你这糟老头莫乱说话!你少在那里说破瓜破瓜的!关你屁事!"那边付先生听到陈先生说的"破瓜"二字,也摩拳擦掌地扑过来要打陈老先生,好在在场的人手脚快,陈老先生才避免了一顿暴打。陈先生为此老脸无光,谈生意帮忙的事只能不了了之。

原来付先生与付太太文化水平都不太高,他们把"破瓜"理解成了"破烂"、"破衣"、"破鞋"、"破罐破摔"的含义,而《辞海》上的解释是:"二八字以纪年,谓十六岁。诗文中多用于女子。"由此看来,陈先生说那付先生的女儿"破瓜之年"并没有错。但一个"破"字出口,对方听来认为是对他们千金的侮辱,听着不顺耳,更是不顺心,也不顺气,他们火冒三丈也是可以理解的。是陈先生"弹琴不看听众,说话不看对象"才造成了这样的局面。如果陈老先生说"阳光靓妹"、"纯情乖女"、"娇贵千金"……选对方听得懂且听了心里舒服的词语来说给人家听,那才是真正的会说话,要替儿子办的事才有可能顺利地办成。

再来看这样一个事例:孔子带着他的几名学生出外讲学、游览,一路上十分辛苦。这天,孔子一行人来到一个村庄,他们在一片树阴下休息,正准备吃点干粮、喝点水,不料,孔子的马挣脱了缰绳,跑到庄稼地里去吃了人家的麦苗。一个农夫上前抓住马嚼子,将马扣下了。

子贡是孔子最得意的学生之一,一贯能言善辩。他自恃口才不凡,自告奋勇地上前去说服那个农夫,争取和解。但他说话文绉绉,满口之乎者也,天上地下,将大道理讲了一串又一串,尽管他费尽口舌,可农夫就是听不进去。

有一位刚刚跟随孔子不久的新学生,论学识、才干远不如子贡。当他看到子贡与农夫僵持不下时,便对孔子说:"老师,请让我去试试看。"

于是,他走到农夫面前,笑着对农夫说:"你并不是在遥远的东海种田,我们也不是在遥远的西海耕地,我们彼此靠得很近,相隔不远,我的马怎么可能不吃你的庄稼呢?再说了,说不定哪天你的牛也会吃掉我的庄稼哩,你说是不是?我们该彼此谅解才是。"

农夫听了这番话,觉得很在理,责怪的意思也消释了,于是将马还给了孔子。旁边几个农夫也互相议论说:"像这样说话才算有口才,哪像刚才那个人,说话不中听。"这样看来,说话必须看对象、看场合,否则,你再能言善辩,别人不买你的账也是白费口舌。

要做到说话看对象,一定要先了解对象。尤其是对于初次相识的人,必须先通过言谈去了解情况,这样才好有的放矢,把话说到对方心窝里。因此，与陌生人见面，不要急于说什么，要先倾听对方的话语。如果对方彬彬有礼，你也应该文雅、和气、谦逊；如果对方说话很直，不会拐弯抹角，你也应该坦诚、实在，想到什么就说出来；如果对方情绪低落，不爱说也不想听，你就应该少说几句，或者干脆不说。总之，要在了解对方的基础上，说出合适的话，这样才能收到最好的交际效果。

总而言之，与不同的人谈话，就要采用不同的谈话方式。因人而异，才能做到把话说活。办事要善于洞察人心，更要见机行事，刚柔并济，才能逢凶化吉，转难为易，说起话来才能让别人愿意接受，只有这样，你办起事来才能水到渠成。

看准对方的性格，投其所好

人各有其情，各有其性。有的人喜欢听奉承话，给他戴上几顶高帽，他就会使出浑身力气帮你办事；有的人则不然，你一给他戴高帽，反而引起了他敏感性的警惕，以为你是不怀好意。有的人刚愎自用，你用激将法，才能使他把事办好；有的人脾气暴躁，讨厌喋喋不休的长篇说理，求他办事，说话就不宜拐弯抹角。

外交史上有一则逸事：一位日本议员去见埃及总统纳赛尔，由于两人的性格、经历、生活情趣、政治抱负相距甚远，总统对这位日本议员不大感兴趣。日本议员为了不辱使命，搞好与埃及当局的关系，会见前进行了多方面的分析，最后决定以套近乎的方式打动纳赛尔，以达到会谈的目的。

下面是双方的谈话：

议员：阁下，尼罗河与纳赛尔，在我们日本是妇孺皆知的。我与其称阁下为总统，不如称您为上校吧，因为我也曾是军人，也和您一样，跟英国人打过仗。

纳赛尔:嗯……

议员:英国人骂您是"尼罗河的希特勒",他们也骂我是"马来西亚之虎"。我读过阁下的《革命哲学》,曾把它同希特勒的《我的奋斗》作比较,发现希特勒是实力至上的,而阁下还充满幽默感。

纳赛尔:(十分兴奋)呵,我所写的那本书,是革命之后,花三个月匆匆写成的。你说得对,我除了实力之外,还注重人情味。

议员:对呀!我们军人也需要人情。我在马来西亚作战时,一把短刀从不离身,目的不在杀人,而是保卫自己。阿拉伯人现在为独立而战,也正是为了防卫,如同我那时的短刀一样。

纳赛尔:(大喜)阁下说得真好,以后欢迎你每年来一次。

此时,日本议员顺势转入正题,开始谈两国的关系与贸易,并愉快地合影留念。日本人的套近乎策略产生了奇效。

在这段会谈的一开始,日本人就把总统称作上校,使对方降了不少级别;挨过英国人的骂,按说也不是什么光彩的事,但对于军人出身,崇尚武力,并获得自由独立战争胜利的纳赛尔听来,却颇有荣耀感。没有希特勒的实力与手腕,没有幽默感与人情味,自己又何以能从上校到总统呢?接下来,日本人又以读过他的《革命哲学》,称赞他的实力与人情味,并进一步称赞了阿拉伯战争的正义性。这不但准确地刺激了纳赛尔的兴奋点,而且百分之百地迎合了他的口味,使日本人的话收到了预想的奇效。

但是,对待那种十分傲气的人,如果他将面子看得很重而讲究分寸,你不妨从正面恭维入手,让他飘飘然,因为虚荣而顺从你的意图。这种类型的人只要你说他长得高,他便会踮起脚给你看。

在三国时期,诸葛亮对关羽便采取此法。马超归顺刘备之后,关羽提出要与马超比武。为了避免二虎相斗,必有一伤,诸葛亮给关羽写了一封信:我听说关将军想与马超比武。依我看来,马超虽然英勇过人,但只能与翼德并驱争先,怎么能与你美髯公相提并论呢?再说将军担当镇守荆州的重任,如果因你离开造成损失,罪过该有多大啊!关羽看了信后,笑着说:"还是孔明知道我的心啊!"他将书信给宾客们传看,打消了入川比武的念头。

此外,激将在语言上也非常有讲究:既不能没有锋芒,不疼不痒;又不能太刻薄,使对方反感,产生对抗心理。总之,激将之言要辩证地把褒与贬、抑与扬有机地结合起来,这样才能达到激将的效果。

例如,某橡胶厂(甲方)进口了一整套价值为200万元的现代化胶鞋生产设备,由于原料与技术力量达不到要求,搁置了四年无法使用。

后来,新任厂长决定将这套生产设备转卖给另一家橡胶厂(乙方)。

正式谈判前,甲方了解到乙方两个重要情况:

一是该厂经济实力雄厚,但基本上都投入了再生产,要马上腾挪200万元添置设备,非常困难。

二是这位厂长年轻好胜,几乎在任何情况下都不甘示弱,甚至经常以拿破仑自诩。

甲方对乙方有所了解后,甲方厂长决定亲自与对方进行谈判。

甲方厂长:"昨天在贵厂转了一整天,详细了解了贵厂的生产情况。你们的管理水平确实令人信服。你年轻有为,能力非凡,真让我钦佩。"

乙方厂长:"哪里哪里,老兄过奖了!我年轻无知,恳切希望得到老兄的指教!"

甲方厂长:"我向来不会奉承人,实事求是嘛。贵厂今天办得好,我就说好;明天办得不好,我就会说不好。"

乙方厂长:"老兄对我厂的设备印象如何?不是说打算把你们进口的那套现代化胶鞋生产设备卖给我们吗?"

甲方厂长:"贵厂现有生产设备,在国内看是可以的,至少三五年内不会有什么大的问题。关于转卖设备之事,只有两个疑问:第一,不知贵厂是否有经济实力购买这样的设备;第二,即使有能力购买,贵厂也未必有能力招聘到管理、操作这套设备的技术力量。"

乙方厂长听到这些话后,从心理上感觉到甲方厂长在轻视自己,十分不悦。于是，他用炫耀的口气向甲方厂长介绍了己厂的经济实力和技术力量，表明己厂有能力购进并操作管理这套价值200万元的设备。经过一番周旋，甲方巧妙地将闲置了四年的设备转卖给了乙方。

运用激将法一定要因人而宜，对什么样的人要用什么激将，千万不要不辨对象而通用一个单子吃药。一般说来，它对那些争强好胜的胆质型人，效果比较明显；而对敏感多疑，办事谨小慎微的抑郁质的人，很容易产生适得其反的效果，他会把劝说者所给予的激将视为讽刺，导致心死。所以激将法的运用，必须是建立在了解对方的基础上，如果对对方一点都不了解，就盲目地去激将，往往不会取得理想的效果。

交谈好比一把钥匙，可以轻易地打开办事之门。人们的兴趣爱好往往牵连着头脑中的兴奋点。我们如果在交谈中根据不同人的性格、兴趣爱好，从不同的话题入手，常常可以比较容易地开启对方的心扉，步入对方的心灵深处，有效地激发对方情感的共鸣，顺利办成所求之事。

因人而异，说话能赢得好感

见什么人说什么话，意即当你在和对方交谈时，要尽量使用对方认同的语言，谈论对方熟悉和关心的话题，并且也要视当下的具体情况灵活应变，以便在迎合对方心理的同时，也赢得对方的好感。唯有赢得对方的好感时，你才有可能得到你想获得的东西，而这也是成就大事的一种语言技巧。

话总是说给别人听的，至于说得好不好、是否有口才，不仅要看话语是否适当地表达了自己的思想和情感，也要看别人能不能确实理解并且乐于接受。如果你所说的话让别人听不懂，或者让人没有专心聆听的意愿，那么这样的谈话还有什么意义呢？

第二章 >>> 滴水不漏
聪明女人的说话技巧

见什么人说什么话,是不是曲意逢迎、逢场作戏呢？可以说是,也可以说不是。可以庸俗化,歪曲为虚情假意,也可以实事求是,把它理解为人际交流的科学态度。我们主张说话一定要看场合和对象是为了遵循交际规律,进行有效的交流,根本不同于虚伪和圆滑。逢场作戏虽然也有见什么人说什么话的灵活应变性,但它的出发点不是为了把表现自我与适应他人统一起来,不是为了直接交流,沟通心灵,而是为了依附讨好对方,或是蒙蔽诱骗对方。这种人性的扭曲和虚伪的丑态与谈话一定要看对象有本质的区别。我们应当也能够划清这两者的界限,在真诚待人、平等互利的基础上来看对象说话,以科学的态度来掌握人际交流的艺术。

社会上的人有民族、地域、年龄、性别、经历、文化程度、生活习惯、性格特征、职业职务、心理状态和所处环境、兴趣爱好等等各种差异,而且每个人都有两种属性,一是群体的社会性,二是个体的独立性。人与人的各种差异和两种属性在交往中有其和谐的一面,也有其排斥的一面。这样的两重性,再加上人际交流中的语言环境的不同变化,这就要求我们说话不仅要看场合,还要看对象。语言学家吕叔湘先生说得好:"此时此地对此人说此事,这样的说法最好;对另外的人,就应该用另一种说法。"

说话要看对象的道理,是众人皆知的。但许多人往往不够重视,往往看得不够深入细致。所以在这里强调:看对象要看对方的基本情况,要看对方的心理态度及其变化,还要看与交际双方有关的人物关系。

冬天大西北的电影院里,常有年轻的女观众入场后不肯摘帽子,影响后面观众的视线。为此,放映员多次打出字幕:"影片放映时请勿戴帽子!"但许多人不予理睬。后来电影院出了绝招,打出字幕通告:"本影院为了照顾年老体衰的女观众,允许她们照常戴帽,不必摘下。"结果,所有戴帽子的年轻女观众全都摘下了帽子,因为她们谁都不愿成为衰老之人。

说话看对象,还要看对方的文化程度。人口普查员填写人口登记表,问一位没有文化的老太太:"你有配偶吗?"老太太很可能听不懂,还会以为你是问她"买藕了没有?"容易闹笑话。

一位大学毕业生分到一家工厂工作，起初不错。但没过一个月，他发现车间主任对他越来越冷淡了，他怎么也弄不清其中原委。后经一位好心师傅的点拨，他才恍然大悟：原来他在学校待惯了，讲话爱用些术语，什么"最优化方案"、"程序化"、"控制论"、"结构定向"等等，而车间主任只上过中专，最烦别人在他面前咬文嚼字，卖弄学识。所以，这位大学生说的话，无形之中触到了领导的"自卑感"。

与智慧型的人说话，需要有广博的知识；与学识渊博的人说话，辨析能力一定要强；与善辩的人说话，就没有必要啰啰唆唆。与上司说话，就要把话说到他心坎里去；与下属说话，必须让他们感觉到你的慷慨，从你这里他们能得到好处。别人不愿意做的事情，不要勉强；而别人喜欢做的，应给予大力的支持。别人喜欢听的话，要多说；别人不喜欢的，要少说，甚至不说。做到这些就算是管好了自己的嘴。

送人美名，抬高对方也是给自己铺路

有这样一句古语："如果不给一条狗取个好听的名字，不如把它勒死算了。"不论是穷人、富人或是街头乞丐，抑或是盗贼，他们都会竭尽全力去维持自己在人们心中的好印象。相反，如果用强硬的手段规定他们去做一项工作，去接受一种思想，不论这样做的意图如何，他们都会产生抵触情绪。所以，如果你要达到请求别人帮忙的目的，就要记住这项规则，那就是：给人一个美名。

有一次，"钢铁大王"卡内基结识了一位名叫佛里克的青年。此人经营煤炭业，号称"焦炭大王"。卡内基的钢铁公司需要煤炭，而且他很赏识佛里克的胆识和才干，如果跟佛里克合作的话，对于他的事业来说是非常有利的。

卡内基了解佛里克是一个非常自负的人，如果不把他的面子照顾到很

第二章 >>> 滴水不漏
聪明女人的说话技巧

周全,即使他明知对自己有利,也不会合作的。于是,他将佛里克请到自己家里,热情接待。当时,卡内基已年近五十,比佛里克差不多大一倍,他的财富则比佛里克多无数倍,但他仍然在佛里克面前保持着礼貌和谦逊。尽管佛里克是个骄傲自负的人,也不禁对卡内基产生了好感。这时,卡内基才提出合作成立一家煤炭公司的建议。他还大度地表示,新公司的总价值是200万美元,佛里克的焦炭公司约值32.5万美元,其余160多万美元都由他支付,股份双方各得一半。

只出六分之一的资金,却能得一半股份,这是打着灯笼都难找的好事,佛里克却还在犹豫,如果公司以卡内基的名义运作的话,他是不乐意的。因为他是"宁为鸡首,不为凤尾"的一个人。

卡内基看穿了他的心事,补充道:新公司的名称是"佛里克焦炭公司"。

佛里克再无疑问,当即爽快地同意了。此后,佛里克成为卡内基的合作者,日后更成为卡内基钢铁公司的高层领导之一。

在处理这件事上,卡内基没有将利益全部掌握在自己手中,他知道要达到目的,就必须得到佛里克的合作。因此,他送出虚名,自己也最终得到了实惠。这就告诉我们,在求人办事过程中,求助者一定要学会给对方一个虚名,这样才能使对方心甘情愿地去完成自己的意愿。

一本科生去一家公司应聘,人事经理对她说:"你回答得不错,遗憾的是我们优先选用研究生,本科生我们一般是不考虑的。你请回吧!"学生故作依依不舍状,动情地说:"谢谢各位老师给我这次面试的机会!我非常非常想加盟贵公司,贵公司产品在国内市场有很大的知名度,新产品已进入国际市场,前途无量。假若我能有幸成为贵公司的一员,我会感到无比自豪。既然无缘参与你们的朝阳事业,但我仍然衷心祝愿贵公司在创新路上如天马行空,一往无前!"第二天,学生就接到那家公司来电,告知已被录用。

从这个故事里,我们再一次看到了虚名的用途。在为人处世过程中,如果人们能将这一点做好,那么要达到目的也就不是件难事了。

美名尽管好,可尺寸也得合乎规格才行,过重的美名并不让人愉快。赞扬招致荣誉心,荣誉心产生满足感,但当人们发现你言过其实时,常常因此感到他们受到了愚弄。所以宁肯不去恭维,也不宜夸大无边。

此外还需注意,送人虚名一定要送得恰到好处,这关键就是要投其所好,摆出一份诚挚的心意及认真的态度,否则只会弄巧成拙,适得其反。

送人虚名是善意的,尽管所讲的话有所夸张,但基本上是实话。

名誉是一个无价的东西,它既不能用金钱去购买,也不能用金钱做尺度。虽然名誉只流传在人们的口头上,但是却要人们用心去判断。正如《墨子·修身》篇里所讲的:"名不徒生,而誉不自长。"一个人的好名声,必须有不断的善行予以支持,否则,再好的名誉也有归于沉寂的可能。有地位的人固然很注重名誉,但只有当社会上普遍都对名誉十分看重的时候,美德才可能成为普通人的道德而广泛流行。所以,名誉和荣誉比起来,更被人们看重。

莎士比亚说:"如果你不具备一种美德,就假定你有。"最好的办法是假定并且公开宣称他人已经具有你想要他发展的美德。把美好的名誉送给别人,为了这个名誉,他会尽快地做到这个名誉的标准。

佛罗里达州一家食品公司的销售代表——比尔·帕克,有一次,他满腔热情地向一个大的食品批发市场的经理杰克介绍他们公司的新产品,期望着他们能订他的货,但杰克拒绝了他。比尔很难过,整整一天,他都在沉思着,最后决定再去找杰克谈谈,再试一试。

比尔说:"杰克,今天早上我走后,发现我没有将我们公司全部新产品的照片给你看。现在,能不能占用你一点宝贵的时间,让我再把遗漏的要点给你讲一下。其实,我最佩服你的就是,你总是很有耐心,能把别人的话听完,并且有足够大的器量在事情发生变化时把自己的看法也改变一些。"

这次,杰克没有拒绝比尔。比尔给他一个美好的名誉,他就赶紧去把这个好名誉维护住。

马丁先生是一位牙医。一天早上,他很受震动,因为他的一位病人怒气冲冲地指责放置漱口杯的托盘不干净。这位病人走后,他马上写了一张便

第二章 >>> **滴水不漏**
　　　　　聪明女人的说话技巧

条给负责打扫诊所卫生的钟点工布里特：

"亲爱的布里特女士：

虽然我们见面的机会并不多，但我还是想对你出色的清洁工作表示感谢。顺便说一句，我们原先约好的每周两次、每次两小时的清洁时间可能太紧张。如果你有时间的话，请随时再来半小时，做一些你认为通常应该做的事情。比如说清理一下杯子和托盘什么的。当然，你做了这些额外的工作，我会另外付服务费给你的。"

马丁先生说："第二天到诊所后，我发现桌子被擦得明亮如镜，镀铬的漱口杯也擦得锃亮，它下面的托盘也是同样的干净。而这些工作，都是她在两个小时内完成的。"

所以，在人际交往过程中，想要取得成功，请记住这个一句话把人说服的方法：给人一个美好的名誉，让他为保全这个名誉而努力。

学会给别人戴高帽

戴高帽的现象在我国古代就有了。在当今这个物欲横流的社会，高帽的花样不断翻新，其种类、款式及妙用日益"进化"，已成为颇为时尚的一道"人文景观"。

我们暂且不说为什么世界上那么多人都乐于奉送和领受高帽，有时就连鸟兽也未能免俗。那一则耳熟能详的西方寓言中，狐狸看到乌鸦嘴里叼着肉，垂涎欲滴，怎奈飞腾无术，于是利用戴高帽法加以智取：再三赞扬乌鸦的嗓音美妙悦耳。叫声聒噪的乌鸦偏偏缺乏自知之明，一戴高帽便飘飘然，当它准备一展歌喉时，嘴里的肉便成了狐狸的美味佳肴，真是只愚蠢的乌鸦！

49

俗话说得好,"世界上从没有免费的午餐",当然,别人也不会无缘无故地馈赠你高帽。狐狸对乌鸦的叫声是否悦耳本无兴趣,眼里盯着的只是那块肥肉而已。一顶高帽换来一顿美餐,何乐而不为!当然,人类乃万物之灵长,人类高度发达的智商绝非鸟兽类可比,因而制作和奉送的高帽更为精巧,而且"知识含量"也有了不少增加。

世人总是喜欢被别人奉承,即使明知对方讲的是奉承话,心中还是免不了会沾沾自喜,这是人性的弱点。换句话说,一个人受到别人的夸赞,绝不会觉得厌恶,除非对方的奉承之语说得太离谱,让人一听就知道是假的。因此,在求人办事的过程中,学会巧妙地送高帽,就一定会达到预期的效果。

其实,高帽就是美丽的谎言,既取悦了别人,又帮助了自己。要让人乐于相信和接受,就不能把傻孩子说成天才那样离谱;其次,高帽也要美丽高雅,不能俗不可耐,糟蹋自己也让别人倒胃口;再者便是不可过白过滥,毫无特点,不动脑子。

求人办事,如果对所求者不是那么熟悉,先不要急着下结论。察其言,观其行,掌握了真实情况再决定送一项什么样的帽子。正所谓"穿衣戴帽以合身为准则",过犹不及啊。

很多人都知道,英国著名作家柯南道尔一般都不会给别人签名留念。有一次,他收到一封从巴西寄来的信,信中说:"我很希望得到一张您亲笔签名的照片,然后,我将把它放在我的房间里。这样的话,我不仅天天可以看见您,而且我坚信,若有贼进来,一看到您的照片,肯定会吓得屁滚尿流,逃之夭夭!"柯南道尔收到信的当天,就很爽快地为那人寄去了一张他自己亲笔签名的照片。可见高帽的妙用!

其实,戴高帽一定要戴得合适,有句话说,"看什么鱼,放什么饵;见什么人,说什么话",给人戴高帽是万万不可乱戴的。其最佳途径不是从他的事业、才学、品德方面下手,而是从他的相貌下手。因为一个人不论长相如何,都可以给他戴高帽:瘦子身体健康能吃能喝能跑能跳;看到胖子,你可以对他说,心宽体胖一生衣食不缺;对鼻子大的,你可以说悬胆鼻,主富贵;鼻子

第二章 >>> 滴水不漏
聪明女人的说话技巧

扁的,你可以说他好脾气性情温和;眼睛大的,你就说他明亮有神,闪耀智慧;脸有麻子的,你可以说他麻子三分贵;秃头的,你可以说是智者的象征……

有个人叫艾鲁塞尔,他从事推销这个行业已经有很多年了。他想:如果多费点心思,也许能跟那位生意做得很大、信用也极佳的铅管匠技师伯洛克林成为业务伙伴。不过,这个铅管匠技师是个粗枝大叶、蛮横、粗犷的人。因此,艾鲁塞尔刚开始见到他时就受到了打击。

这个铅管匠技师常常坐在办公桌后的椅子上,嘴里叼根雪茄,每次一看到艾鲁塞尔就这样说:"你走吧!我今天什么也不要,别在这儿浪费我的时间!"

艾鲁塞尔公司的领导想在长岛皇后村买一栋房子,开设分公司。而那房子正巧在那位铅管匠技师家附近,那么,他对房子周围环境的概况一定很熟悉。所以,艾鲁塞尔就尝试着运用另外一种新的办法——请人帮忙的心理学技术。他决定找个时间去见一下那位技师,并且准备这么说:"先生,我今天不是来跟你谈生意的,是想请你帮个小忙。如果你方便的话,只需要花您一分钟时间就足够了!"准备好以后,艾鲁塞尔就去见那个技师。

那技师嘴叼雪茄,看上去一副财大气粗的样子,毫不在乎地说:"嗯!好吧。你肚子里有什么主意,快说出来!"

艾鲁塞尔说:"我们打算在这皇后村开一家分店,您对这儿的情形,相信比谁都清楚,所以特地来向您请教。您认为这个计划怎么样?"

技师不紧不慢地说:"这是一个前所未有的情况!"一般情况下,这个技师对推销员都是咆哮怒斥,但是今天却一反常态,到底是怎么回事呢?原来是那位大公司的推销员来请教他,征求他的意见,使他有一种高贵感。他拉过一张椅子,指了指说:"你坐下。"

这次,对待艾鲁塞尔的来访,技师花了一个钟头,详细地把皇后村铅业方面的情形告诉了艾鲁塞尔。他不但赞成艾鲁塞尔在皇后村开设分店,并且替他规划出购置地产的程序,及购物、开业方面的事情。同时又提供一家具有规模的铅业公司的营业方案让他参考。

学会给别人戴高帽,但这个高帽一定要真诚。因为别人会觉得你是一个容易接近的人,是一个谦虚的人。谁喜欢狂妄的人呢?没有,谁也不会喜欢那些狂妄的人。但我们必须牢牢记住:虽然每一个人都希望被人欣赏,被人重视,甚至于会不顾一切地去达到这个目的,但没有人会喜欢接受虚伪的奉承。所以,要用巧妙、真诚的语言去送这顶关乎你大事的高帽。

高帽子不能自己戴

戴高帽看似简单,其实最难,如果没有好的技巧是无法完成的。作为女性,应该记住更重要的一点:高帽子不能自己戴。

一位销售女主管这个月的业绩很好,她手下的业务员谈成的生意总额超出同级部门两倍还要多。按照公司业绩提成的管理制度,主管会得到一笔数目不小的奖金。老板很是高兴有这样一位得力的助手,庆幸自己没有看错人,决定在公司的例会上把她推为典型,以此激励其他员工,于是特意安排这位主管做演讲。

这位主管在她的讲话中把自己的业绩归功于自己调配人员是如何的技巧、处理大订单是如何的果断和聪明,以及如何辛苦加班。她说的这些确实很对,可以说没有丝毫的夸张,她一直也都是这么做的。整场报告她就坦然地接受员工对她的祝贺和上司对她的表扬。从始至终,她没有对老板的信任表示感谢,更没有提及同级部门的合作和下属的努力。

下属和同事们开玩笑要她请客庆祝一番的时候,她却一本正经地说:"我得奖金,你们用得着这么起劲吗?下次我会拿更多,到时再考虑考虑……"

可是到了下个月,这位主管不仅没有拿到奖金,还因为没有完成销售任务被扣掉了当月奖金。可悲的是,她没有注意到下属越来越懒散,老板也开始故意为难她了。

一个工作勤勤恳恳的人最终却不一定能成为受欢迎的人,是不是很不公平?你有足够的理由为这位有工作能力的主管打抱不平。但是,这并不证明"好人有好报,恶人有恶报"是错误的,而是因为"好人"也有让别人不乐于接受的瑕疵,这些小毛病往往会成为阻挡人气的障碍。

其中,独享荣誉是一个最容易让别人心怀不满、心生恨意的不良习惯。试想一下,一大群人或平起平坐,或不分上下,你自己把一顶漂亮得惹人眼红的帽子戴上了,相形之下,别人就矮了,就显得黯淡了。渐渐地,你的存在对别人会构成一种威胁,虽然你并没有做任何伤害别人的事。有谁会喜欢受到别人的胁迫呢?有谁愿意和一个让自己没有安全感的人相处呢?自然而然,独自享有荣誉、心安理得地把高帽子往自己头上戴的人最终会变成孤家寡人,还谈什么招人喜欢、大受欢迎呢?

"居功"的确可以凝聚别人羡慕的目光,可以让自己有成就感,但是如果你想把功劳一个人独占,企图让光环仅仅环绕自己一个人,那不是自私就是愚蠢。"见不得别人比自己好,更见不得别人抢自己的好",可以说是人性的一大弱点,也是人之常情。独享荣誉就是抢别人的好,这样,不仅不会给自己带来多少好处,还会引起从上至下的公愤。

如果你谨记这个忠告,相信你会受益匪浅,因为这无论在什么场合都适用,而且屡试不爽。比如你的学习有了提高,取得了一定的成绩,不要忘记感谢老师的培养、同学的帮助、父母的鼓励,甚至是嘲笑过你的人,毕竟他们也给了你前进的动力;工作有了业绩,升职了,加薪了,不妨和同事们庆祝一番,对老板说声"谢谢",对下属的配合与支持表示真诚的感谢;回到家中不要心安理得地享受舒适的床铺、可口的饭菜,拥抱一下辛勤操持家务的爱人和父母,让对方明白你的感激。

如果你真正这样做了,相信你会有惊奇的发现。你身边的人将扶持着你走向更高的地方,他们期待着、仰望着你的高度,而不是嫉妒和冷眼旁观。

你主动把高帽子馈赠给了别人,别人反而会毕恭毕敬地为你戴上;你感谢别人帮助你获得了荣誉,别人也会感谢你,感谢你注意到了他。

事情就是这么简单。当你独自顶着高帽子孤芳自赏的时候,似乎身边的人都想要夺取。当你把高帽子摘下来和大家一起欣赏时,别人反而会异口同声地称赞和欣赏光环笼罩中的你。

三思而后言

一天,妻子和丈夫吵架,丈夫一气之下离家出走了,接连三天没有回家。妻子连忙到报社要登寻人启事。启事的内容如下:

×××,身高1米75,五官端正,目光深邃,眉毛浓黑,脸的轮廓棱角分明,看上去风度翩翩。出走时上穿蓝色衬衣,下穿黑色长裤,棕色皮鞋。请你见到广告后速回来,你的家人非常想念你。

报社的工作人员看了后笑着说:"你的丈夫很英俊啊……不过这些话太空洞了,他还有什么其他鲜明一点的特色吗?""有!他是一个秃子!""你怎么不早说呢?这才是重点呢!""你千万不要写上去!就是因为我说他是秃顶,他才生气离开家的!"妻子不好意思地低下头说,"这也是我为什么要在寻人启事里说这么多好话的原因……"

这本来只是一个生活中的笑话,但可以让每个女人更清醒地意识到,随意揭人短处甚至人身攻击是一件可恶、可怕、可悲的事情。

用恶语诋毁自己并不了解的人和事,只会显露出自己的浅薄和无知。因为很多时候,诋毁他人的人不仅没能贬低了别人,相反却会让人注意到她自己的丑恶和无知。

在公共汽车上,有两位女士不知为什么发生了争执。年轻的是一个相

第二章 >>> 滴水不漏
聪明女人的说话技巧

貌平平、打扮时髦的女孩,年长的是一位气质高雅的中年妇女,从她的相貌来看,她年轻时一定非常漂亮。也许女孩理亏,就用自己在年龄上的优势作为武器,竟然嘲笑那位中年妇女是"老菜皮"。而那位中年妇女并没有用脏话反击她,而是嘴角带着几分微笑慢慢地说:"你也会老的,但是你却永远不会好看。"车厢里的人都哄笑起来,那女孩立即哑口无言了。

是啊,这句话太精辟太富有哲理了。

我们每一个人都有过年轻的时候,但不是每一个人都曾经漂亮过。就像那个年轻女孩,她的年轻其实那位中年妇女也曾经拥有过,但是那位中年妇女的漂亮,那个年轻女孩却永远不会拥有。即使用现代化高超的整容手段重新打造她的面容,那也是别人手下的"作品",而不是她自己的长相。

事物总是相辅相成的。用恶语诋毁他人的人,往往是最缺乏知识的人。在公共场所,我们不是经常可以听见那种自以为是得令人发笑的评论吗?

一年夏天,王女士到一家时装商店选购连衣裙。她看中了一条纯白色、腰间打着皱裥的连衣长裙。因为她个子很高而且比较瘦,所以对服装颜色和款式的选择范围可以比较大。她正在试穿着,忽然听到身后有一个大嗓门的女士说:"这条裙子蛮好看的。可惜阿拉囡儿胖得像山东人一样难看,这种样式的裙子她穿不下的!"

王女士是山东人,因此听到有关对山东人的评论自然就会比较注意。于是她回头看去,只见说话的是一位长得比较矮胖的中年妇女,估计她女儿的身材也和她差不多。于是,好开玩笑的王女士假装没弄明白她的话的意思,笑嘻嘻地对她说:"哎呀,你也是山东人啊?我和你是同乡嘛!"

那位中年妇女一听王女士这么说,仔细打量了她一下,忽然变得很尴尬,连忙转身走了。周围的女士们都笑了起来。

单纯的无知并不可笑,因为我们即使从记事起就开始学习,到老还会有许许多多不了解不明白的事。可笑的不是无知,而是不知自己无知的浅薄。就像公共汽车上的那个女孩,如果她没有嘲笑那位中年妇女的年龄,那么在别人眼里她大约是个虽然不怎么漂亮,但却焕发着青春气息的清纯女孩,然而她的恶语却使她显得既浅薄又粗俗；就像那个时装店的中年妇女,如果她不用恶语形容山东人,那么在大家看来她不过是个长相普通的平常妇人,然而她的恶语却使人们注意到她不仅长得丑,而且还很粗鄙浅薄。

有一次,一位年轻的女孩来到圣菲利普面前倾诉自己的苦恼。这个女孩心地不坏,但是最大的毛病是她喜欢说三道四,听些无聊的流言,又守不住自己的嘴巴,经常把这些闲话传出去。当然,很多人因此受到了伤害,女孩并没有从中得到任何好处,反而人们都不喜欢她。

圣菲利普决定让女孩为自己的缺点赎罪。于是让她到市场上买一只母鸡,沿路拔下鸡毛散放到路边,拔的时候还要记下鸡毛的数量。

女孩这样做了,然后她回去找圣菲利普。圣菲利普又让她返回把路上的鸡毛悉数捡回来。女孩按照吩咐去做,可是她却哭着回来,说:"我根本就做不到。风把它们吹得到处都是,我根本就不可能捡回所有的鸡毛。"

"这就对了,你经常传播出去的那些愚蠢的话语不也是散落路途,口耳相传到各处吗？但是你想收回时却怎么也不可能了！"

散毛难收,恶言难消。一地鸡毛难以收场,说出去的话如同泼出去的水难以收回来,那些恶毒或者邪恶的话语给别人造成的伤害也不会立即消除。

谨慎地使用你的舌头。说话者捕风捉影、信口开河,传话的人随声附和、添油加醋,受害的人百口难辩、伤心不已。不过最终那个"罪魁祸首"一定逃不过众人对他的屏蔽和疏远。有的人传播流言是出于嫉妒、恶意、报复,有的人是出于好奇、有趣、哗众取宠。但是不管是有意还是无意,这种行为都是不可饶恕的——有意为之者卑鄙无耻,无意为之者鲁莽轻率!

多动你的脑子,少用你的嘴巴。一旦意识到自己要说出来的话对别人不利时,就赶紧闭嘴,不要让这些邪恶的羽毛散落路旁。别人的嘴巴你管不了,但是耳朵长在你自己脑袋上,完全可以对那些话置若罔闻。让恶语终止于自己,那么你就是一个智者。

第二章 >>> 滴水不漏
聪明女人的说话技巧

酒桌上的语言奥妙

酒作为一种交际媒介,在洽谈业务、迎宾送客、传递友情等方面可以起到独到的作用。所以,作为一个聪明女人,探索一下酒桌上的语言奥妙,将有助于你达到良好的公关效果。

在大多数酒宴中,宾客都比较多,个人的兴趣爱好、知识面都不同,所以谈论的话题尽量不要太偏,应尽量多谈论一些大部分人能够参与的话题。一定要避免唯我独尊、天南海北、神侃无边,而忽略了众人。特别是尽量不要与人贴耳小声私语,这样会给别人一种神秘感,往往会产生"就你俩好"的嫉妒心理,影响喝酒的效果。

酒桌上可以显示出一个人的才华、学识、修养和风度,有时一句诙谐幽默的语言,会给他人留下很深的印象,使他人无形中对你产生好感。所以,知道什么时候该说什么话,而且语言得当、诙谐幽默很关键。

其次,作为一个聪明女人,一定要讲究敬酒的学问,敬酒有序,主次分明。一般情况下,敬酒应以年龄大小、职位高低、宾主身份为序。如果与不熟悉的人在一起喝酒,也要先留意一下其身份,以避免出现尴尬或伤感情的局面。如有求于某位客人,在席上对他自然要倍加恭敬,但是要注意,如果在场有更高身份或年长的人,则不应只对能帮你忙的人毕恭毕敬,而要先给尊者长者敬酒,不然会使大家都很难堪。

另外,经常出入酒桌,女人少不了被人劝酒的情形。酒喝多了,毕竟不是好事,尤其是对于女性来说,就更加令人尴尬了。但如果总是生硬地拒绝别人的劝酒,又有可能造成别人的尴尬。所以,女人很有必要掌握一些酒桌上拒酒的说话技巧,这不仅有助于公关交际的成功,而且能保护自己的身体健康。

你可挑对方劝酒语中的毛病。对方劝我方喝酒,总得找个理由,而这理由往往会有不少漏洞可抓。只要这漏洞抓得准,分析得有理有据,那么对方就无话可说了。当对方这样向你劝酒:"张小姐,这一桌席上只有咱们两位姓张,同姓500年前是一家,看来我们是有缘分,这杯酒应当干掉!"此时你就可以抓住其疏漏这样拒酒:"哦,我很想陪您喝这杯酒,可是实在对不起,您可能搞错了,我的'章'是'立早章',不是'弓长张',我不知道这两个同音不同字的姓500年前是否也是一家?所以,您这杯酒我不能喝。"当然,有时候敬酒之人是出于一番诚意请我们多喝一点,这时候我们就不能用上述方法来对付,否则那就是待人不礼貌了。

你可以身体不适为由。你可以这样说:"真对不起,我这两天有点感冒,头老是发晕,我怕再喝酒就回不了家了。等下次身体舒服了一定把这盅欠下的酒补回来。"或是以患有某种忌酒的疾酒(如肝脏不好、高血压、心脏病等)为理由拒绝对方的劝酒,这样对方无论如何是不好再强求了。

赵小姐是一家公司的公关经理,正在参加一个客户的生日宴会。席间,王经理称好久未曾和她相逢,提出要和她痛饮三杯。赵小姐说:"你的厚意我领了,遗憾的是我最近一段时间身体不适,正在吃药,这一段时间是滴酒不沾,只好请你多关照。好在来日方长,后会有期,日后我一定与你喝个痛快,好吗?"此言一出,王经理也只好作罢了。

在酒宴上,开怀畅饮固然好,可是并非每个人都有这个能力和兴趣,更何况酒喝得适量自然是有益无害,但如果过量饮酒喝得酩酊大醉,就于人于己都没有好处了。因此,面对别人的盛情劝酒,女人学会用语言巧妙地拒酒是很重要的。

幽默，女人的超级武器

一个懂得幽默的女人，她不一定美丽，但一定是智慧的，而且是善解人意的。这样的女人喜欢生活，懂得用自己的方式面对难解之情，用微笑放松自己，懂得用智慧的花香把自己熏陶得更加富有魅力。

一位年轻的厨师给他喜欢的姑娘写了一封情书。他这样写道："亲爱的，无论是择菜时，还是炒菜时，我都会想到你，你就像盐一样不可缺少。我看见鸡蛋就想起你的眼睛，看见西红柿就想起你柔软的脸颊，看见大葱就想起你的纤纤玉指，看见香菜就想起你苗条的身材。你犹如我的围裙，我始终离不开你。嫁给我吧，我会把你当做熊掌一样去珍惜。"

不久，姑娘给他回了一封信，她是这样回复的："我也想过你那像鹅掌的眉毛，像西红柿的眼睛，像大蒜头一样的鼻子，像土豆似的嘴巴，还想起过你那像冬瓜的身材。顺便说一下，我不打算要个像熊掌的丈夫，因为，我和你就像水和油一样不能彼此融合，你能明白我的意思吗？"

幽默地拒绝别人，既不会让人难堪，也可以达到自己所要表述的意愿，这就是幽默的力量。幽默，是社交场合里不可缺少的润滑剂，可以使人们的交往更顺利，更自然，更融洽。

幽默是健康生活的调味品。在公众场合和家庭里，当存在一种不协调的或对一方不利的现象时，超然洒脱的幽默态度往往可以使窘迫尴尬的场面在笑语欢声中消失。夫妻间的幽默还有特殊的功能：在一方心情恶劣或双方发生冲突时，刺激性的语言无疑是火上加油。即使是喋喋不休的规劝，也会事倍功半。而此时一个得体的小幽默，却常常能使其转怒为喜、破涕为笑。

有一对年轻夫妇,一天因为某事吵了起来。由于年轻气盛,大家又都在气头上,所以彼此都不肯让步讲和。气急之下,妻子一边拿出包来收拾自己的东西,一边说要回娘家。丈夫也没有过多理睬,只是在一旁生闷气。妻子收拾完衣物后,气鼓鼓地向丈夫要路费,丈夫什么也没有说,便从皮夹里掏出20元钱递给妻子。妻子拿着钱呆呆地瞅着丈夫,并没有走的意思。过了很长一段时间,妻子终于忍不住生气地说:"我回来的路费你不给报啊!"丈夫瞅了瞅妻子,慢条斯理地说:"带着我这么大个钱包回娘家,还怕没有路费?"妻子听了,立刻破涕为笑。二人以幽默的方式解决了即将爆发的更深层的情感战争。

英国著名作家、短篇小说大师曼斯菲尔德曾经说过:疯狂或死板都是不对的,两者都嫌过度。一个人必须永远保持幽默感。

幽默往往是有知识、有修养的表现,是一种高雅的风度。大凡善于幽默者,大多也是知识渊博、辩才杰出、思维敏捷的人。他们非常注意有趣的事物,懂得开玩笑的场合,善于因人、因事不同而开不同的玩笑,能令人耳目一新。

一个青年男子在饭馆吃饭。已经吃完了饭,他才对经理说:"对不起,钱夹放在家里了,我现在不能付钱。"女经理不慌不忙地说:"那好吧!我相信你。为了使我记住此事,必须把你的名字写在门口的黑板上,同时记上你欠款的数目。"男士表示不满:"那不是每个人都看到我的名字了吗?我不是太难堪了吗?"女经理微笑着说:"不必担心,我们会用你的皮大衣把你的名字盖住的。"经理的幽默意图,在于让这位有赖账嫌疑的顾客用物质做抵押,以此逼迫他就范。这位男青年只好拿出钱来,如数付清了饭钱。几乎没费什么力气,经理就维护了饭馆的权益。

幽默不是餐桌上低级的笑话,也不是舌根下无聊的怨言,幽默是一种尺度适当的娱乐。幽默的风采,使生活更加多姿。有人说,一个没有幽默感的女人,就像鲜花没有香味。只有形,没有神,即使再光鲜的外表,让人感觉还是少了一点灵气。

　　一个女人要想培养幽默感,就得以一定的文化知识、思想修养为基础,多学习那些诙谐、风趣的人开玩笑的方式、方法。至于那些性格比较内向、做事过于认真呆板的女人,要学会欣赏别人的幽默,在社交过程中尽量让自己轻松、洒脱、活泼,想办法把话说得机智、委婉。当然,开始尝试时会感到不大自如,但只要我们坦率、豁达地在与朋友的交往中不断实践,幽默感便会变得自如,使交往更加情趣盎然。

　　善于理解幽默的女人,容易喜欢别人;善于表达幽默的女人,容易被他人喜欢。幽默的人易与人保持和睦的关系。现实生活中常常不乏让人碰得头破血流仍然得不到解决的问题,但是,如果来点幽默,问题往往会迎刃而解,使同事之间、夫妻之间化干戈为玉帛。幽默还能显示自信,增强成功的信心。信心有时也许比能力更重要,生活的艰难曲折极易使人丧失自信,放弃目标,若以幽默对待挫折,往往能够重新鼓起希望的风帆。

　　女人在运用幽默时,一定要表情自然轻松,只有这样,你才能使幽默的轻松气息感染到身边每个人。记住,一个看起来满面愁容或神情抑郁的女人,是不可能真正地发挥幽默的魅力的。幽默的人生,是乐趣无穷的。所以,学会和善于运用幽默,会令女人的社交生活更为丰富和快乐。

　　需要注意的是,幽默既不是毫无意义的,也不是没有分寸的耍嘴皮。幽默要在合情合理之中,引人发笑,给人启迪,就需要女人有一定的素质和修养。

　　女人对幽默的使用也要具体情况具体分析,尤其是对于长辈、其他女性、初次相识的人,幽默一定要慎用。同时,女人的幽默要注意度,一旦过了头,就可能被对方误解为取笑与讥讽,不仅没有礼貌,而且简直就是无礼了。

　　培养和提高幽默能力,要注意以下几点:

(1)要仔细观察生活

　　观察生活,寻找喜剧素材,需要我们善于变换视角,去发掘和使用这些素材。

(2)要学习幽默技巧

幽默不是天生就会的,是后天学习掌握的。许多关于幽默的书籍和先人的经验,都为我们提供了不少范例,值得我们广泛借鉴。

(3)要敢于表达幽默

幽默能力只有在表达幽默的过程中才能得到检验和提高,因而积极实践至关重要。选择适当的场合,针对适当的对象,都可展示自己学习的幽默技巧。

第三章

点到为止，聪明女人如何把握说话分寸

给自己留有余地，不要把话说得太绝
给对方台阶下
多说别人的长处，少说别人的不足
话说三分，点到为止
说话要讲究分寸
谈吐有禁忌，不该说的话千万别说
开玩笑要把握分寸
不要拿别人的隐私开玩笑
把握说"不"的分寸
转着弯儿说话
难得含糊
暗示的妙处

给自己留有余地，不要把话说得太绝

做任何事情都是讲究尺度的，要学会为对方，也为自己留一个回旋的余地。话说得太绝的女人只会遭人反感，而不会被人喜欢。

一天，某公司的处长把一项采购工作交给一位叫玲玲的女职员，这件采购工作是有相当的困难，处长问她："有没有问题？"她拍着胸脯回答说："没问题，包君满意！"过了三天，没有任何动静。处长问她进度如何，她才老实说："不如想象中那么简单！"虽然处长同意她继续努力，但对她的"拍胸脯"已有些反感。

小娟和同事闹不愉快，她对同事说："从今天起，我们断绝所有关系，彼此毫无瓜葛……"说完这话还不到两个月，她的同事成为她的上司，而她因讲过重话，只好辞职。

这都是把话说得太绝而使自己陷入窘迫的例子。把话说得太绝就像把杯子倒满了水，再也滴不进一滴水，再滴就溢出来了；也像把气球灌饱了气，再也灌不进一丝丝的空气，再灌就要爆炸了。当然，也有人话说得很绝，而且也做得到。不过凡事总有意外，使得事情产生变化，而这些意外并不是人能预料的，话不要说得太绝，就是为了容纳这个意外。杯子留有空间就不会因加进其他液体而溢出来，气球留有空间便不会因再灌一些空气而爆炸，人说话留有空间，便不会因为意外的出现而下不了台，可从容转身。所以很多

第三章 >>> 点到为止
聪明女人如何把握说话分寸

政府官员在面对记者的询问时,都偏爱用这些字眼,诸如:"可能、尽量、或许、研究、考虑、评估、征询各方意见……"这些都不是肯定的字眼,他们之所以如此,就是为了留一点空间好容纳意外,否则一下子把事情说准了,结果事与愿违,那不是很难堪吗?一个总是把话说得太绝的人是不会有好人缘的。

以下的状况是追求幸福的女人在说话时应该注意的:

1. 做事方面

(1)对别人的请托可以答应接受,但不要"保证",应使用"我尽量,我试试看"的字眼。

(2)上级交办的事当然接受,但不要说"保证没问题",应使用"应该没问题,我全力以赴"之类的字眼。

这是为了万一自己做不到所留的后路,而这样子说事实上也无损你的诚意,反而更显出你的审慎,别人会因此更信赖你,事没做好,也不会责怪你。

2. 做人方面

(1)与人交恶,不要口出恶言,更不要说出"誓不两立"之类的话,除非有杀父夺妻之仇。不管谁对谁错,最好是闭口不言,以便他日需要携手合作时还有面子。

(2)对人不要太早下评断,像"这个人完蛋了"、"这个人一辈子没出息"之类属于盖棺论定的话最好不要说,人一辈子很长,变化很多的。也不要一下子评断"这个人前途无量"或"这个人能力高强"。总之,应多用"是……不过……如果"之类的话语。

当然,状况并不只有这几个。聪明的女人要想永葆幸福一定要在说话的时候给自己留有余地,保留一点空间,既不得罪人,也不会使自己陷入困境。

给对方台阶下

常言说"人活脸,树活皮,打人不打脸,揭人不揭短"。有时遇到意外情况使对方陷入尴尬境地,你在给对方提供台阶的同时,如能采取某些妥善措施,及时为对方面子上再增添一些光彩,那是最好不过的了。这样既帮助对方挽回面子,又会使他对你感激不尽。

一天中午,查尔斯·施瓦布路过他的炼钢车间,发现有几个工人在抽烟,而在他们的头上就挂着一块写有"严禁吸烟"字样的牌子,这位老板怎么教训他的伙计呢?痛斥一顿吗?拍着牌子说:"难道你们不识字吗?"不,都不是。老板深谙批评之道,他走到这些人面前,递给每个人一支雪茄,说:"年轻人,如果你们愿意到别处去吸烟,我会很感谢你们的。"胆战心惊的工人们心里有数,头儿知道他们坏了规矩,但却没说什么,相反送给每人一支雪茄,他们感到了自己的重要,保住了面子甚至感觉很不错,因此,他们对自己的上司更加敬重了。这样的领导有谁会讨厌呢?与人交流时,自己说得头头是道,却无情地剥掉了别人的面子,伤害了别人的自尊心,那样就容易抹杀你与别人之间原有的很深的感情,你将得不偿失。即使你是他的领导,用温言说服,赢得他的尊重,又达到了你的目的,不是更好吗?

外圆内方的人,不但尽量避免因自己的不慎而使别人下不了台,而且还会在对方可能不好下台时,巧妙及时地为其提供一个台阶。这是因为他们在帮助别人下台时,掌握了正确的方法。

在美国经济大萧条时期,有个17岁的女孩子非常不容易才找到了在高级珠宝店当售货员的一份工作。在圣诞节的前一天,店里来了一个30多岁的顾客,他衣着破旧,满脸哀愁,用一种羡慕而不可即的目光,盯着店里的那些高级首饰。

女孩去接电话的时候,不小心把一个碟子碰翻,顿时六枚精美绝伦的钻石戒指落到地上。她急忙弯腰捡起其中的五枚,但第六枚却怎么也找不到。正在这时,她看到那个30多岁的男子正向门口走去,顿时她意识到戒指被他拿去了。正当男子的手将要触及门柄时,她柔声叫道:"对不起,先生!"

那男子听了她的叫声后,转过身来,两人相视无言,有几十秒之久。"什么事?"男人问,脸上的肌肉在抽搐,再次问道,"什么事?"

女孩神色黯然地说:"先生,这是我头一个工作,现在找个工作很难,想必您也深有体会,是不是?"

那名男子久久地审视着她,终于一丝微笑浮现在他脸上。之后他说:"是的,确实如此。但是我能肯定,你在这里会做得不错。我可以为你祝福吗?"说完之后男子向前一步,把手伸向女孩子。

"谢谢您的祝福。"女孩也立即伸出手,两只手紧紧握在一起,女孩用非常柔和的声音说,"我也祝您好运!"

然后,男人转过身,走向门口。女孩看着男子的身影消失在门外,转身走到柜台,把手中握着的第六枚戒指放回了原处。

故事中的女孩巧妙地运用暗示,不但保住了自己的饭碗,也使得那位光顾的客人全身而退,让一起盗窃案轻松化解。如若换成其他人的话,就算不大喊抓贼,也会着急而严厉地质问对方,执意追查。但女孩并没有这样做,而是彬彬有礼,巧用暗示,保全了对方的面子。而那名男子也非常珍惜不会东窗事发的时机,很体面地改正了自己的错误。

我们在处理一些事情的时候,有时需要站在对方的立场,设身处地为他人着想。如果故事当中女孩不是用这种温和的方式,而是报警处理,会让那位先生因此入狱,她自己也很可能会被老板责备,甚至丢了工作。因此,在我们有求于人时,不妨多一点体贴、多一点爱,给对方和自己都留一步台阶下,实际上也是在鼓励对方以相同的态度和方式对待我们。

在一家中国高级餐馆内,一位外国客人在用完餐以后,看到一双做工精美的景泰蓝筷子非常好，于是便悄悄地装进了自己的口袋。

这个外国客人的举动，恰恰被一名服务员看见了，于是，那位服务员不动声色地走过来说道："谢谢各位的光临，顾客的满意是本店的荣幸。我发现有的客人对我店的餐具很感兴趣——这当然是很精美的工艺品——如果有哪一位愿意购买的话，请与本店的工艺品销售部联系。"说着便把眼睛盯在了那位把筷子放进口袋里的外国客人身上。那位客人立即从口袋里拿出了景泰蓝筷子说："我看到贵国的工艺品太精致了，所以情不自禁地收了起来，我很喜欢它，不如以旧换新吧！"说完便笑了起来。那位客人在用完餐离开的时候，果然到销售部去订购了一套餐具。餐厅中的那位中国服务员说话很得体，在批评别人的同时能给对方一个很好的台阶下。

在对方可能不好下台时巧妙及时地为其提供一个台阶，这里有几点应注意：

(1) 注意不露声色

既能使当事者体面地下台阶，又尽量不使在场的旁人觉察，这才是最巧妙的台阶。有一则报道很能启发人。一次，一位外国客人在天津水晶宫饭店请客，请10个人要3瓶酒。饭店女服务员小丁知道10个人5道菜起码得有5瓶酒，看来客人手头不那么宽裕。于是，她不露声色地亲自给客人们斟酒。5道菜后，客人们酒杯里的酒还满着。这位外宾脸上很光彩，感激小丁给他圆了场，临走时表示下次还来这里。如果小丁想让这位外宾出洋相是太容易了，但那样就会失去一位回头客。善于交际的人往往都会这样不动声色地让对方摆脱窘境。

(2) 注意用幽默语言作为台阶

幽默是人际交往的润滑剂，一句幽默语言能使双方在笑声中相互谅解和感到愉悦。作家冯骥才在美国访问时，一位美国朋友带着儿子到公寓去看他。他们谈话间，那位壮得像牛犊的孩子，爬上冯骥才的床，站在上面拼命蹦跳。如果直截了当地请他下来，势必会使其父产生歉意，也显得自己不够热情。于是，冯骥才便说了一句幽默的话："请你的儿子回到地球上来

第三章 >>> **点到为止**
聪明女人如何把握说话分寸

吧!"那位朋友说:"好,我和他商量商量。"结果既达到了目的,又显得风趣。

我们在与人交往时,不妨学学这些给人下台阶的技巧,以便我们能适时地为陷入尴尬境地的对方提供一个恰当的台阶,让对方免丢面子。

多说别人的长处,少说别人的不足

俗话说:打人莫打脸,骂人莫揭短。在中国,"面子"是一件很重要的事。为了面子,小则翻脸,大则会闹出人命。中国人可以吃暗亏,也可以吃明亏,但就是不能吃没有面子的亏。如果你不顾别人的面子,总有一天会吃苦头。因此,成熟的人从不轻易在公开场合说别人的坏话。这样,既保住了别人的面子,也给自己赢得了人缘。

公元前589年,晋、鲁、卫、曹四国结成同盟,组成联军一起对齐国发起进攻。在双方交战中,齐师大败而溃,齐顷公差一点成为俘虏。谁曾想到,这场战争竟是因为齐顷公戏弄四国的使臣导致的。

公元前592年,晋国大夫郤克在访问鲁国之后,又与鲁国的大夫季孙行父一起去齐国拜访。两人到达齐国领域后,又与卫国的使臣孙良夫、曹国的使臣公子首不期而遇。所以四位使臣结伴而行,一起到达了齐国的国都临淄。

非常凑巧的是,这四位使臣在生理上都有一些缺陷:晋国的郤克只有一只眼睛,鲁国的季孙行父头上没长头发,卫国的孙良夫一条腿有残疾,曹国的公子首先天驼背。齐顷公在接见了他们四位之后,回到后宫把这四个人的外貌对他母亲萧太后叙述了一番。萧太后好奇心特别重,非要去看一看不可。而齐顷公为了博得母后的欢心,准备戏弄这四位使臣一番。他让人从城内找来一个独眼龙,一个秃子,一个瘸子,一个罗锅,分别对号入座为四位来宾驭车,定于第二天到花园做客。上卿国佐谏曰:国家之间的外交不是儿戏,人家朝聘修好而来,我们应该以礼相待,千万不要嘲笑人家。可是齐顷公仗着自己的国大兵多,别的国家对其无可奈何,遂不听劝告。第二天,当四位使臣在四位齐国仆人的陪同下经过萧太后居住的楼台之下时,萧太后与宫女们启帷观望,禁不住哈哈大笑。使臣起初见给他驭车的人和自己有一样的身体缺陷,以为是偶然巧合,没有在意,等听到嘲笑声后才恍然大悟,原来齐顷公在戏弄他们。

四位使臣草草饮了几杯之后,便回到馆舍。当他们知道台上嬉笑的是国母后,不由得火冒三丈。四位使臣愤愤地说,我们好意来访,齐顷公竟把我们当笑料供妇人们开心,真可恨至极!于是四国使臣歃血为盟,对天起誓,决心协力同心,伐齐报仇。第二年,齐国借口鲁国归附晋国,出兵伐鲁,并顺手牵羊,在卫国边境地区捞了一把。晋国为了保住霸主的地位,来了个新账旧账一起算,汇集四国军队大举伐齐,直打到临淄城下,逼得齐国签订了盟约为止。

因"戏客"而引起了战乱,甚至差一点遭到亡国之祸,教训很深刻,也非常发人深省。

这个故事告诉我们,为人处世时,不能凭一时冲动及兴趣,说些伤别人自尊的话。齐顷公为图自己一时之快,把外国使臣的生理缺陷当做笑料,能不让人恼怒,愤恨吗?

话说三分,点到为止

俗话说:"逢人只说三分话,留下七分自己赏。"有些人也许以为大丈夫光明磊落,事无不可对人言,何必只说三分话呢?老于世故的人的确只说三

第三章 >>> 点到为止
聪明女人如何把握说话分寸

分话,时刻都会为自己留条后路,你一定认为他们是狡猾,是不诚实,其实这是最机智的做法。

说话前需看对方是什么人,如果对方不是可以尽言的人,你说三分真话,已不为少。

孔子曰:"不得其人而言,谓之失言。"对方倘不是深相知的人,你也畅所欲言,以快一时,对方的反应是如何呢? 你说的话,是属于你自己的事,对方愿意听你唠叨吗?

彼此关系浅薄,你与之深谈,显出你没有修养;你说的话涉及对方的事,你不是他的诤友,不配与他深谈,忠言逆耳,显出你的冒昧;你说的话是属于国家大事,你没有搞清对方的立场就高谈阔论,这样更容易招灾惹祸。

所以逢人只说三分话,不是不可说,而是不必说,不该说,与事无不可对人言并没有冲突。

事无不可对人言,并不是指你所做的事必须尽情向别人宣布。老于世故的人,是否事事可以对人言,是另一个问题,这里讲的只说三分话,是不必说不该说的话,并不是不诚实,也不是狡猾的表现。

说话本来有三种限制,一是人,二是时,三是地。非其人不必说。非其时,虽得其人,也不必说。得其人,得其时,而非其地,仍不必说。非其人,你说三分真话,已是太多;得其人,而非其时,你说三分话,正给他一个暗示,看看他的反应;得其人,得其时,而非其地,你说三分话,正可以引起他的注意,如有必要,不妨择地另作长谈,这才是通达世故的人。

由此可见,说话也是一门艺术,话说好了万事好,话说坏了毁前程。所以,在说话前必须考虑清楚,想好了再说,否则,别人会认为你是个有口无脑、缺心少肺之人。

有时你的三分话,正体现了你的职业道德。做医生的人,普通病人的病状,或许可以对人提起;如果是患花柳病的人,你就只字不能对别人提及。这是医生的职业道德。

经办银行业务的人,其业务的大概情形,或许可以对人提及,对于存款人的姓名与存款额,你是绝对不可对别人提起的。这是银行职员的职业道德。

这些例子还有很多。有时你因为不能遵守只说三分话的戒条,酿成大祸,往往使你的精神痛苦,甚至于蒙受更大的损失呢。

如果你从事的是机密工作,或者特殊的行业,对人只说三分话,还要局限在重要话题之外。重要话题是一字都说不得的,你说的三分话,应该是风花雪月,应该是柴米油盐,应该是上天入地,应该是稗官野史。总而言之,应该是无关紧要的材料。无关紧要的材料,虽是说得头头是道,兴味淋漓,说得皆大欢喜,其实是言之无物,不会引来什么苦恼。

言有尽而意无穷,有情尽在不言中,告诉别人你话中有话,这就是话说三分、点到为止的艺术,这不失为一种大的智慧,既指出对方的错误,又保全了对方的面子,打动了对方的心。

说话要讲究分寸

要做一个受人欢迎的女人,就应当说话分场合,而且说话还要讲究分寸,懂得什么该说,更应该懂得话要怎么说。否则就会因为不小心说错了话而给自己惹来麻烦。

宋杰是公司的一名中级职员,他的心地是公认的好,工作能力也有目共睹,可就是一直升不了职。和他同年龄、同时进公司的同事,不是成了他的顶头上司,就是外调独当一面,这让宋杰非常郁闷。

有一天,他咨询了一个最好的朋友,向朋友诉说了自己目前的情况。朋友不假思索地对他说:"如果有原因的话,那就是你口不择言的过错。你自己想一下,你在单位口碑好,但你的朋友多吗?还不是我们这些了解你的老同学做你的朋友。"宋杰仔细想了一下,也的确如此。虽然自己是公司公认的好人,可在整个公司里却没有自己的一个知心朋友,都是些泛泛之交。再想想平常说过的话,宋杰真是倒抽了一口凉气,原以为自己"有啥说啥"的个性是个优点,可在不知不觉中却得罪了很多人,难怪同事们总是有意回避自己,也难怪自己一直不得重用。

生活中,很多人有着和宋杰一样的毛病。说话口不择言的人,一般都有"正义倾向"的性格,言语的爆发力及杀伤力很强。这种人经常得罪人,有时候甚至会成为别人的利用对象,比如攻击某人的不公,揭发某件事等,结果却使自己成为别人的打击报复对象。而且,生活中的人难免有这样那样的缺点,说话不恰当的女人就像故事里的宋杰一样,成为大家回避的对象。

富兰克林曾经说过:"失足可以很快弥补,失言却可能永远无法补救。"在现实生活中也的确如此,凡是口不择言脱口而出的话,常常会让我们感到后悔不已。因此,在与人的交往中,一定要先动脑再动口,在话出口之前进行必要的选择,稍微修饰一下棱角,小心使用语言这把双刃剑,这总比"亡羊补牢"好得多。

好口才的女人,可以将语言作为一种武器,去解决生活中的矛盾,与他人更好地沟通。而一个不谙此道的女人,有可能会把一个并不难解决的矛盾复杂化,甚至造成更大的误会,给自己的工作和人生都带来许多不必要的麻烦。女人在与人交往中,一定要用好语言这把双刃剑,在成功的道路上披荆斩棘。

谈吐有禁忌,不该说的话千万别说

要真正做到谈吐优雅动人,必须铭记与人谈话十忌和交谈中的避讳。

1. 与人谈话十忌

(1)打断他人的谈话或抢接别人的话头。

(2)忽略了使用概括的方法,使对方一时难以领会你的意图,而且语言乏味,拖泥带水,重复着没完没了的无味话题,并乐此不疲。

(3)注意力分散,使别人再次重复谈过的话题。

(4)连续发问,让人觉得你过分热心和要求太高,以致难以应付。

(5)对待他人的提问漫不经心,使人感到你忽略和轻视对方。

(6)随便解释某种现象,轻率地断言,借以表现自己是内行。

(7)避实就虚,含而不露,让人迷惑不解。

(8)不适当地强调某些与主题风马牛不相及的细枝末节,使人厌倦或感到窘迫。

(9)当别人对某话题兴趣不减之时,你却感到不耐烦,立即将话题转移到自己感兴趣的方面去。

(10)将正确的观点、中肯的劝告佯称为是错误的和不适当的,使对方怀疑你话中有戏弄之意。

2. 交谈中的避讳

世间没有十全十美的人,凡人皆有长处,也难免有短处。人总是有自尊心的,往往不愿别人触及自己的某些缺点、隐私、不愉快事等。因此,在人际关系中,讲话人需讲求避讳。与谈话对象涉及到一些敏感的、特殊的事情时,应多为对方着想。

(1)生理上的缺陷。说话时都要避开人的生理缺陷,不得已采取间接表达方式。如对跛脚人应客气说:"你腿不方便,请先坐下。"

(2)家庭不幸。像亲属死亡、夫妻离异等,如果不是当事人主动提及,不宜唐突说起。

(3)人事的短处。在为人处世方面的短处、不体面的经历和现状,这些都是不希望他人触及的敏感点。

（4）入乡随俗。"入境而问禁，入国而问俗，入门而问讳。"这对于社交成败至关重要。

（5）问话不宜探及其个人隐私，让人不知如何作答，使交流出现尴尬，聊者听而生厌。

开玩笑要把握分寸

没有笑声的生活和没有幽默感的朋友都是无味的。在人际交往中，开个得体的玩笑，可以松弛神经，活跃气氛，创造出一个适于交际的轻松愉快的氛围，因而诙谐的人常能受到人们的欢迎与喜爱。但是，开玩笑开得不好，则适得其反，伤害感情，因此开玩笑要掌握好分寸。

1. 对象要分清

同样一个玩笑，能对甲开，不一定能对乙开。人的身份、性格、心情不同，对玩笑的承受能力也不同。

对方性格外向，能宽容忍耐，玩笑稍微过大也能得到谅解。对方性格内向，喜欢琢磨言外之意，开玩笑就应慎重。对方尽管平时生性开朗，假如恰好碰上不愉快或伤心事，就不能随便与之开玩笑。相反，对方性格内向，但正好喜事临门，此时与他开个玩笑，效果会出乎意料的好。

此外，还要注意以下几点：

（1）朋友陪客时，忌和朋友开玩笑。人家已有共同的话题，已经形成和谐融洽的气氛，如果你突然介入与之玩笑，转移人家的注意力，打断人家的话题，破坏谈话的雅兴，朋友会认为你扫他面子。

（2）和残疾人开玩笑，注意避讳。人人都怕别人用自己的短处开玩笑，残疾人尤其如此。

（3）和非血缘关系的异性（夫妻自然除外），单独相处时忌开玩笑，哪怕是开正经的玩笑，也往往会引起对方反感，或者会引起旁人的猜测非议。要注意保持适当的距离。当然，也不能拘谨别扭。

（4）和长辈、晚辈开玩笑忌轻佻放肆，特别忌谈男女情事。几辈同堂时的玩笑要高雅、机智、幽默。在这种场合，忌谈男女风流韵事。当同辈人开这方面玩笑时，自己以长辈或晚辈身份在场时，最好不要接话，只若无其事地旁听就是。

2. 场合要适宜

总的来说，在庄重严肃的场合不宜开玩笑。开玩笑是要看场合的。玩笑虽然可以换来人们欢快的笑，而且可以释放自身的悲哀，但是值得注意的一点是，开玩笑不能过分，尤其要分清场合和对象。

3. 内容要高雅

开玩笑，如果没有知识与品格做支点，便要流于一般的低级趣味了。所以注意玩笑的内容。内容健康、格调高雅的笑料，不仅给对方启迪和精神的享受，也是对自己美好形象的有力塑造。钢琴家波奇在一次演奏时，发现全场有一半座位空着，他对听众说："朋友们，我发现这个城市的人们都很有钱，我看到你们每个人都买了两三个座位的票。"于是这半屋子听众放声大笑。波奇无伤大雅的玩笑话使他摆脱了窘境。

4. 行为要适度

开玩笑除了可借助语言外，有时也可以通过行为动作来逗别人发笑。有对小夫妻，感情很好，整天都有开不完的玩笑。一天，丈夫摆弄鸟枪，对准妻子说："不许动，一动我就打死你！"说着扣动了扳机。结果，妻子被意外地打成重伤。可见,玩笑千万不能过度。

5. 态度要友善

与人为善,是开玩笑的一个原则。开玩笑的过程,是感情互相交流传递的过程,如果借着开玩笑对别人冷嘲热讽,发泄内心厌恶、不满的感情,那么除非是傻瓜才识不破。也许有些人不如你口齿伶俐,表面上你占到上风,但别人会认为你不能尊重他人,从而不愿与你交往。

不要拿别人的隐私开玩笑

玩笑是生活的调味品,适当地开个玩笑,不仅可以调节气氛,减轻疲劳,而且能缩短与朋友、同事之间的距离。一句玩笑话可以化干戈为玉帛,消除积怨,一句玩笑话也可以批评或拒绝某人的要求。

但是,开玩笑时必须要注意尺度和分寸,尤其不要拿别人的隐私开玩笑。因为每个人都有隐私,而且也不允许别人触及自己的隐私。一旦有人喜欢拿别人的隐私开玩笑,那他必定是一个不受欢迎的人。

某人结婚两个月,就生了一个小孩,邻居们赶来祝贺。这人的一个要好的朋友约翰也来了,他拿来了自己的礼物——纸和铅笔。这人谢过了约翰,并且问:"尊敬的约翰先生,给这么小的孩子赠送纸和笔,不太早了吗?"

"不,"约翰说,"您的小孩儿太性急。本该9个月后才出生,可他偏偏两个月就出世了。再过5个月,他肯定会去上学,所以我才给准备了纸和笔。"

约翰的话刚说完,全场轰然大笑,令这对夫妇无地自容。

调侃他人的隐私是不对的,上例中约翰明显道出了友人妻子未婚先孕的隐私,这样令大家都处于尴尬的局面。

调侃时说出了他人的隐私,有时是处于言者无意,但听者却有心的情况。他会认为你是有意跟他过不去,从此对你恨之入骨。他做的事别有用心,极力掩饰不使人知,如果被你知道了,必然对他不利。如果你与对方非常熟悉,绝对不能向他表明你绝不泄密,那将会自找麻烦。最好的办法是假装不知,若无其事。

心理学家研究表明谁都不愿把自己的错误和隐私在公众面前曝光,一旦被人曝光,就会因为感到难堪而愤怒。因此,在与人交往谈话中,如果不是为了某种特殊需要,一般应尽量避免接触这些敏感区,免使对方当众出丑。必要时可采用委婉的话暗示你已知道他的错处或隐私,让他感到有压力而不得不改正。知趣的、会权衡的人会"点到即止",一般是会顾全双方的脸面而悄悄收场的。当面揭短,让对方出了丑,说不定会使他恼羞成怒,或者干脆耍赖,出现很难堪的局面。至于一些纯属隐私,非原则性的错处,还是那种方法——装聋作哑,千万别去追究。

把握说"不"的分寸

对别人说"不",如果表达得巧妙,可以使得双方皆大欢喜;但如果说得不好就会得罪别人。所以在对别人说"不"的时候就要注意分寸,下面有几个小窍门不妨参考一下。

1. 用拖延表示"不"

一位朋友想与你约会,他在电话里问你:"今天晚上 8 点钟去跳舞,好吗?"你可以回答:"明天再约吧,到时候我给你去电话。"你的同事约你星期天去逛街,你不想去,可以这样回答:"其实我很想去,可自从成了家,星期天就被老公没收啦!"

2. 用推托表示"不"

一位客人希望换个房间,你可以说:"对不起,这得值班经理决定,他现在不在。"

你和孩子一块儿上街,孩子看到一件漂亮的衣服,很想买。你可以拍拍衣袋:"糟糕,我忘了带钱包。"

有人想找你谈话,你看看表:"对不起,我还要参加一个会,改天行吗?"

3. 用客气表示"不"

当别人送礼品给你,而你又不能接受的情况下,你可以如此客气地回绝:一是说客气话;二是表示受宠若惊,不敢领受;三是强调对方留着它会有更多的用途等。

4. 用外交辞令说"不"

外交官们在遇到他们不想回答或不愿回答的问题时,总是用一句话来搪塞:"无可奉告。"生活中,当我们暂时无法说是与不是时,也可用这句话。

还有一些话可以用作搪塞:"天知道。""事实会告诉你的。""这个嘛……难说。"

当你拒绝别人而羞于说"不"的时候,不妨借鉴上述方法吧。但是,在处理重大事务时,则来不得半点含糊,应当明确地说"不"。

转着弯儿说话

在交流中,说话的双方都希望对方能对自己实话实说。但是,在某些特定的场合下,如顾及面子、自尊,以及出于保密等原因,实话实说就会令人尴尬,伤人自尊。但是实话又不能不说,这种时候就需要转着弯儿说话了。说的话既能够让人听得顺耳,又能够欣然接受。

古代就有这样的例子。当年孔子、孟子周游列国,见到了不少王公大臣,说了许多话。从记载的资料看,他们大都是实话巧说,娓娓道来,以理服人,以情动人,使那些有权有势的人接受了他们的主张。否则,他们是很难有活动的余地。《战国策》记载的《触龙说赵太后》,也是实话巧说的典范。触龙这位忠心为国、善于进谏的老臣,希望赵太后把她宠爱的公子放出去锻炼,增长才干,为国立功,将来才好在赵国安身。他很讲究说话艺术,先问寒问暖,再说到周围环境形势,需要人才,把情况说得合情合理,丝丝入扣,赵太后居然转怒为喜,并接纳了他的一些建议,从而达到了自己说话的目的。

古圣先贤们留下了一些转着弯儿说话的例子,当然,我们应该传承,另外还要研究这一门艺术,以便收到一般实话直说所收不到的效果。在提倡实话实说的同时,也应当提倡迂回说话。

比如说,现在大部分的女孩子为显示自己有个性,就经常地生男友的气,如果这个女孩又是父母的掌上明珠,或者是家庭兄长中的一个娇妹妹,她就更不能容忍他人对她的抱怨与不满了。可能也会有一部分痴情的男孩子会因为自己的哪一句话引起女朋友心中的不快,怕得罪自己的"小公主",而忙不迭地向她赔礼道歉,甚至还会为了所谓的原谅而贬低自己,才能表示

第三章 >>> 点到为止
聪明女人如何把握说话分寸

对恋人的忠贞。其实大可不必用这种方式,他完全可以转着弯儿说话。

晓晓是某厅长的千金,她和自己父亲单位的小刚谈恋爱时,总是显示出她在某方面的优越感。可能是因为小刚出生在农家,大学毕业时被分到某厅当科员,也没有什么靠山。晓晓总认为她这方面比他优越。

有一次,晓晓到小刚家做客,她总对小刚家人的某些生活方式流露出不顺眼的情绪,而且还不断地在小刚耳边嘀嘀咕咕地发牢骚。特别是吃过晚饭后,把小姑子使唤得团团转,一会儿让她烧水,一会儿又让她拿擦脚布,可以说是当做一个仆人用了。小刚心里很不是滋味,但也不宜直接说,他就借助这个机会笑着对妹妹说:"要当师傅先当徒弟嘛!你现在可得加紧培训一下呀,将来你要嫁到别人家里时,也可以摆起师傅的架子来了。"

晓晓当然是个明白人,她从小刚的话中听出了他的本意,以后在小刚面前就没有表现自己的某些过分行为了。小刚就是在恰当的时机采取转着弯儿说话的方式来表示对晓晓的不满,他用一句"要当师傅先当徒弟"的俗话来提醒晓晓,这就避免了一些直接冲突,也表达对对方当时有点不满意,这不失为一种好办法。

实话实说,是大家都倡导的说话精神,但是在人际和社会关系极为复杂的环境中,光实话实说是远远不够的,我们还要学会转着弯儿说话。

难得含糊

在谈话中常常会遇到我们不好回答又不得不回答的问题。一旦失言,就会把问题弄得糟糕而不可收场,但只要在冷静中巧妙周旋,一定会摆脱困境。运用模棱两可的模糊话就是一种好方法。这种方法是用一种含义不确定的模糊语言,不让对方精确地把握答语的含义,增强了语言在谈话中的适应性、灵活性和生动性。

例如,有一艘豪华客轮满载游客,即将到达旅游胜地的时候,客轮突然慢慢地停了下来。原来好事多磨,谁也没料到,客轮出了问题。团队成员见客轮迟迟不能起航,急于想到达旅游区的游客心情开始浮躁起来,围着他们的领队,追问客轮何时能够起航,何时能够顺利地到达,有的则进行责问,更有甚者开始骂人,情绪激动可见一斑。这时候,他们的领队则镇定自若,面带微笑,不停地向大家打招呼:"请大家别急。客轮只是出了点小问题,不费事的,技术员们正在做检查,一会儿就好,客轮马上就可以起航,马上就可以起航!为了大家的人身安全,请大家再耐心等待一会儿,再耐心等待一会儿!"她不断地进行重复,游客们的情绪终于慢慢平静下来。

在这里,他们的领队,针对游客的既急于到达旅游区又要一路平安的心理,面对游客的盘问与责备,没有急躁,也没有给出确切的答复,却用一连串的"一会儿"、"马上"等并没有确指的词语给出承诺。然而正是这一模糊语言的运用,使游客们中途平静地滞留了近一个小时,巧用模糊语言抚慰了游客们不平静的心。试想,如果他们的领队在没有把握的情况下,给出明确的时间答复,或者说时间短一些,如"十分钟之后,就可起航"。但是,如果十分钟之后,客轮仍然不能起航,就会把自己推向矛盾的境地,到时再作解释,游客们也不能相信,到那时,怨声再起,更难平复。或者说时间长一些,也只会增加游客们的怨气,于事无补。当然,更不能面对游客的盘问,不给任何的解释。

含糊法可分为宽泛式含糊法和回避式含糊法:

1. 宽泛式含糊法

宽泛式含糊法,是用含义宽泛、富有弹性的语言传递主要信息的方法。例如,现代文学大师钱钟书先生,是个自甘寂寞的人:居家耕读,闭门谢客,最怕被人宣传,尤其不愿在报刊、电视中扬名露面。他的《围城》再版以后,又被拍成了电视剧,在国内外引起轰动。不少新闻机构的记者,都想约见他、采访他,均被钱老执意谢绝了。一天,一位英国女士,好不容易打通了钱老家的电话,恳请让她登门拜见。钱老一再婉言谢绝没有效果,他就妙语惊人地对这位英国女士说:"你只需知道鸡蛋好吃就可以了,何必一定要认识那只下蛋的母鸡呢?"洋女士只好放弃了采访打算。

钱先生的回话,首句语义明确,后面一句虽是借喻,但从语言效果上看,却达到了"一石三鸟"的奇效:其一,是语义宽泛、富有弹性的模糊语言,给听话人以寻思悟理的伸缩余地;其二,与外宾女士交流,不宜直接明拒,采用宽泛含蓄的语言,尤显得有礼有节;其三,更反映了钱先生超脱盛名之累、自比母鸡的这种谦逊淳朴的人格之美。一言既出,不仅无懈可击,且又引人领悟话语中的深意,令人格外敬仰钱老的大家风范。

2. 回避式含糊法

回避式含糊法,是根据某种场合的需要,巧妙地避开确指性内容的方法。

在涉外接待活动中,每当与外宾交谈遇到"难点"时就应巧妙回避转移。例如:

一个美国客人在韶山毛泽东故居参观之后,中午在一家个体户饭店吃饭,老板娘一手正宗的湘菜,使这位美国客人吃得非常满意。他在付钱时,看到老板娘家境富裕,他突然提出如下问题:"老板娘,如果你的老同乡毛泽东还在,会允许你开店吗?"

这是明知故问,其中含意不言自明。这时,老板娘略一寻思,就作出回答:"没有毛主席他老人家,我早就饿死了,还能开什么店啊!"然后她接着说,"如今,邓小平接了班,党的富民政策好,日子越过越美好!"

显然,美国客人意在用老板娘的回答,来否定毛泽东的历史功绩,乃因其中隐含一个必然的判断:毛泽东决不会允许你开店,那么你也富不了,因而,毛泽东应该是被否定的。而老板娘的答话,以回避正题的模糊法,反而作出令人折服的回答,既不轻慢美国客人,又维护了毛主席的威望,赞扬了当时的富民政策。由此,反映了韶山人民的心声:"毛主席让我们站起来,邓小平让我们富起来!"

 暗示的妙处

暗示是人际交往的一种特殊方式,指的是暗示者出于一定的目的,采用一定的方法,含蓄、巧妙地向对方发出某种信息,以此来影响对方的心理,使其不自觉地接受一定的意见、信念,或改变其行动。

暗示的方法有:

1. 以故事暗示

一次,一领导为了加强机关干部管理,在工作考勤等方面作了一系列规定,并决定由曾在企业担任过多年负责人,不久前到机关做传达工作的一位老同志负责考勤登记。这位老同志认为这工作易得罪人,不愿意干,说自己过去就是因为办事太认真,得罪了不少人,正在吸取"教训"。

听了他的话,领导委婉地讲了一个故事:某电影导演,为拍一部片子四处寻找合适的演员。一天,发现了一个合适人选,便通知他准备试镜头。这个人十分高兴,理了发,换上新衣,对镜子左照右照,总感到自己两颗犬牙式的牙齿不好看,于是到医院把牙齿拔掉了。当他兴致勃勃地去报到时,导演见到他,失望地说:"对不起。你身上最珍贵的东西,被你自己当缺陷给毁了,影片已经不需要你了。"

故事讲完后,这位老同志懂得了,"坚持原则,办事认真"正是自己最珍贵的。他愉快地接受了任务。

2. 以笑话暗示

一次,几位老同志反映机关宿舍晚上不安静,楼上的小青年举止不注意,老同志在楼下睡不好。这属于两代人的生活习惯问题,如果把这个问题在会上讲,就会使老同志和青年人之间产生鸿沟。

党委书记和小青年闲谈时,讲了一则笑话进行暗示:有个老头晚上很难入睡,恰好楼上住了一个经常上晚班的小伙子。小伙子每天下班回家,双脚一甩,鞋子噔噔两下,重重地落在地板上,每次都将好不容易才入睡的老头惊醒。老头提了意见。当晚小青年下班回来,又照例先甩下第一只鞋,尔后猛然想起老头的意见,就轻轻脱下第二只鞋。第二天一早,老头埋怨小伙说:"你一次将两只鞋甩下,我还可以重新入睡;你留下一只不甩,害得我等你甩第二只鞋等了一夜。"

笑话说完,小伙子们悟出了笑话是有所指的。

3. 岔题暗示

请看一段对白:

甲:老何这个人什么都好,就是有点好大喜功。

乙:昨晚播了《红楼梦》第一集,你看了吗?

甲:没有。你知道吗?向市里上报的材料,尽说好话,把老何捧上了天。

乙:唉,你不看真可惜,看了就能知道跟电影相比到底哪个拍得好。

不难看出,乙一再岔题,是为了向甲作出暗示:他不愿意背后随便议论别人。如果甲尚知趣,说话至此,也该停止对老何的飞短流长了。

4. 诙谐暗示

这是以幽默的语言或随意说笑的方式,向被暗示者传递信息。

南唐时,税收繁重,民不聊生。时逢京师大旱,烈祖询问群臣:"外地都下了雨,为什么京城不下?"大臣申渐高决定利用这个机会进谏,便诙谐地答道:"因为雨怕抽税,所以不敢入京城。"烈祖天性比较豁达,听罢大笑,决定减轻税收。借助一句笑话来暗示,竟然为百姓做了一件好事。

　　生活中不少人是直肠子,一根筋,为人处世不撞南墙不回头,10头牛也拉不回来。这样的人最该学会绕弯子,神经多长些末梢,否则就得做好吃亏、碰钉子的心理准备。

第四章

巧言妙语，聪明女人怎样摆脱社交尴尬

打破冷场的技巧
面对恶意冒犯者
幽默——让尴尬不再尴尬
自我解嘲，化解尴尬的大智慧
机智巧妙地应付尴尬
用善意的谎言排除尴尬

打破冷场的技巧

在日常生活和社会交往中,尤其是在比较正式的场合,如聚会、议事等常会出现冷场现象,彼此都尴尬。冷场,在人际关系中,它无疑是一种冰块。打破冷场的技巧,就是及时融化妨碍交往的冰块。

谈话者之间存在以下几种情况时,最容易因话不投机而出现冷场:

(1)彼此不大相识。

(2)年龄、职业、身份、地位差异大。

(3)心境差异大。

(4)兴趣、爱好差异大。

(5)性格、素质差异大。

(6)平时意见不合,感情不和。

(7)互相之间有利害冲突。

(8)异性相处,尤其单独相处时。

(9)因长期不交往而比较疏远。

(10)均为性格内向者。

出现冷场,双方都会感到尴尬。但只要女性朋友掌握住了破冰之术,及时根据情境设置话题,冷场是很容易被打破的。

第四章 >>> 巧言妙语
聪明女人怎样摆脱社交尴尬

1. 要学会拓展话题的领域

开始第一句话要注意的是使人人都能了解,人人都能发表看法,由此再探出对方的兴趣和爱好,拓展谈话的领域。如果指着一件雕刻说:"真像某某的作品!"或是听见鸟唱就说"很有门德尔松音乐的风格。"除非知道对方是内行,否则不仅不能讨好,而且会在背后挨骂的。

如果不知道对方的职业,就不可胡乱问他。因为社会上免不了有人会失业,问他的职业无异于迫他自认失业,这对自尊心很重的人来说是不太好的。如果你想开拓谈话的领域而希望知道他的职业,只能用试探他的方法:"先生常常去游泳吗?"如果他说"不",你就可以问他是否很忙,"每天上哪儿消遣最多呢?"接下去探出他是否有固定工作。如果他回答"是",你便可加上一句问他平时什么时候去游泳,从而判断他有无职业。如果他说是星期天或每天下午五时以后去,那无疑是有固定工作。

确定了别人有工作,才可问他的职业,这样就可以谈他的工作范围内的事情。如果不知对方有没有职业,或确知对方为失业者,那么还是谈别的话题为佳。

2. 巧妙析姓辨名

在气氛不活跃时,可以针对一些人的姓名进行别致的解释,其效果往往会出人意料,从而活跃气氛。在这方面伟大领袖毛泽东同志就很有造诣。

客人初次见面,往往要介绍姓名。毛泽东擅长抓住这一机会,运用他渊博的知识,把客人的姓名作有趣的解析,使交谈一开始就消除了对方的紧张情绪,显得亲切随和。普通干部、群众与这位中国最高领袖间的鸿沟顷刻填平,交谈气氛就更为活跃。

20世纪70年代,唐由之初任毛泽东的保健医生,首次见面时,心情很紧张。谁知毛泽东望着唐,反复念着他的名字:"由之,由之……"并问:"你的名字是出自《论语》'民可使由之,不可使知之'吧?"又说:"你不要按孔夫子的'由之'去做,而是按鲁迅的'由之'去做。"随即又抑扬顿挫地吟起了鲁迅的诗句:"岂有豪情似旧时,花开花落两由之……"毛泽东出语成趣,使唐大夫欢笑出声,开始了融洽的交谈。这里,毛泽东"析姓辨名"的方法与上面不同,采取了解析名字出处,并随机发挥的方法,但效果是一样的。

3. 风趣接话转话题

在谈话中善于抓住对方的话题,机智巧接答,可以使我们谈话变得风趣,从而使谈话活跃起来。有一个典型的例子:当我们夸奖对方取得的成绩时,总能听到这样的回答——"一般情况"。倘若我们不接着话茬说下去,就有点赞同对方的"一般情况"说法的意思,达不到接话说的目的。可以这样回答:"'一班',情况尚且如此,那'二班'情况就可想而知了。"言外之意是说:"你一班的情况才如此的话,我二班的情况就更不值得一提了。"这类接话,一般是采用谐音、双关的手法,接住对方的话茬,作风趣的转答。

巧妙地接答对方的话茬,可以把原来的话题引向另一个话题,使谈话转变一个角度继续进行下去。

刘某是公司负责某一地区的销售业务员。公司为了加强和客户之间的联系,特举办了一年一度的"工商联谊会"。公司安排刘某在会议期间陪同他的客户顾某。他们路过一家商场,谈起了商场销售情况。末了,顾某深有感触地说:"现在,市场竞争够激烈的。"刘某接过他的话茬儿说:"就是。在你们单位工作的业务员也不少吧?"就这样刘某既把话题延伸下去,同时又把话题朝有利于自己的方向发展。

4. 适时地提一些引导性的话题

提出引导性话题,可以给他人留下谈话时间和空间,特别是对于那些不善于当众讲话的人。这些话题可以根据对方的性格特点、兴趣爱好、职业性质等方面来设置。比如"近来工作顺利吧","听说你最近有件高兴的事,是什么呢","前一阵我见到你的孩子,学习怎么样"。先用这些听起来使对方

第四章 >>> 巧言妙语
聪明女人怎样摆脱社交尴尬

温暖的话寒暄一下,便于开展谈话。对于那些在公司上班的人,可以探问对其公司的日常规则的看法,如:"你们公司,每周都要举行升旗仪式,之后还要做早操,召开例会,你怎么看待?"引导性话题应该注重可谈性和可公开性。对学文的不宜谈深奥的理科的问题,反之亦然。不宜在公开场合触及个人隐私,或者是背后议论他人等。如果引导性话题过于敏感,或者越出了对方的兴趣爱好,或者过于深奥,超出了对方的知识结构等原因,对方也许不愿说,也许真的无话可说。提出这类话题,目的是让对方开口讲话,不能让对方讲,还有什么意义呢?

在提一些引导性话题的时候,也要注意方法和策略,不要让对方感到难以回答和附和而已。比如:"你是不是也觉得你们现在的厂长很能干?"人家要说赞同的话,他自己的确也有保留意见,要说不赞同,而你已经认可了,他总不至于在你的面前进行反对吧,何况是说别人的坏话呢?这样的话题,处理得不好,会让自己失去谈话的亲和力,适得其反。再者也不要问些大而空的问题,让人不知从何说起,最好具体点。

此外,在打破冷场时说话还应该注意下面的内容:

(1)如果是由于自己太清高、架子大,使人敬而远之,而造成对方的沉默,在交谈中应该主动、客气及随和一些。

(2)如果是由于自己太自负,盛气凌人,使对方反感,而造成了沉默,则要注意谦虚,多想想自己的短处,适当褒扬对方的长处。

(3)如果是由于自己口若悬河,讲起话来漫无边际、无休无止,而导致了对方的沉默,则要注意自己讲话适可而止,给对方说话的机会,不要让人觉得你是在做单方面的传教。

(4)有时装作不懂事的样子,往往可以听取他人更多的意见,这根源于人们的自炫心理。反之,你表现得太聪明,人家即使要讲,也有顾虑,怕比不上你。如果用请教的语气说话,引起对方的优越感,就会引出滔滔话语。一般人的心理总是喜欢教人,而不喜欢受教于人。

冷场的出现,往往与话题有关。曲高和寡会导致冷场;淡而无味同样会引起冷场。不希望出现冷场的交谈者,应当事先作些准备,使自己有一点库存话题,以备不时之需。

面对恶意冒犯者

在社交场合,有时我们会遇到别人有意无意地抢白、奚落、挖苦、讥讽,这时该怎么办?有随机应变能力的人,能调动自己的智慧,化被动为主动,使尴尬烟消云散。"兵来将挡,水来土掩",你可视不同的对象选择不同的应付办法。

1. 仿拟话语

仿照对方讽刺性的话语形式,制造出一种新的说法,将对方置于一种反而不利的位置上,从而使对方落入"聪明反被聪明误"的自造的陷阱中。

丹麦著名童话家安徒生一生俭朴,常常戴一顶破旧的帽子在街上溜达。一次,一个富翁嘲笑他说:"你脑袋上边的那个玩意儿是个什么东西,能算是一顶帽子吗?"安徒生马上回敬了一句:"你帽子底下的那玩意儿是个什么东西,能算是个脑袋吗?"

对方本想嘲笑安徒生服饰破旧寒酸,不想反被安徒生嘲弄了一番。安徒生仿拟对方的话语形式,改换了几个字词,便辛辣地讽刺了对方的愚蠢卑鄙,空长一副脑袋。

2. 以毒攻毒

当对方用恶毒的话攻击你的时候,不妨顺水推舟,借他的话回敬他。

有一个掌柜喜欢愚弄人,并常常以此自得。一天早上,他正在门口吸着

第四章 >>> 巧言妙语
聪明女人怎样摆脱社交尴尬

水旱烟,看见赶集的大爷骑着毛驴来到门口,于是他喊道:"喂,抽袋烟再走吧!"大爷忙从驴背上跳下来,说:"多谢掌柜的,我刚抽过了。"这位掌柜一本正经地说:"我没问你呢,我问的是毛驴。"说完,得意地一笑。

大爷猛地转过身子,照准毛驴脸上啪啪两巴掌,骂道:"出门时我问你这里有没有朋友,你说没有。没有朋友为什么人家会请你抽烟呢?"接着对准驴屁股又是两鞭子,说:"看你以后还敢不敢胡说!"说完,翻身上驴,扬长而去。

这位大爷的反击力相当强。既然你以你和驴说话的假设来侮辱我,我就姑且承认你的这个假设,借此教训毛驴,来嘲弄你自己与毛驴的"朋友"关系。

孔融10岁那年,有一次到李膺家做客,当时在场的都是些社会名流,孔融应答如流,得到宾客们的称赞。但有一位叫陈韪的大夫却不以为然,讥讽地说:"小时候聪明,长大了未必也聪明。"孔融立刻回答道:"我想先生在小时候一定很聪明吧?"

孔融采用以其人之"法"还治其人之身的语言形式,以问作答,把对方射过来的"炮弹"又原样给弹了回去,暗示对方长大后就变愚蠢了。

3. 巧借比喻

巧借对方比喻中的不雅事物,用与此相克相关的事物作比,针锋相对,给以迎头痛击。

例如,达尔文提出进化论以后,赫胥黎竭力加以支持和宣传,并与宗教势力展开了激烈的论战。教会诅咒他为"达尔文的斗犬"。在伦敦的一次辩论会上,宗教首领见赫胥黎步入会场,便骂道:"当心,这只狗又来了!"赫胥黎轻蔑地答道:"是啊,盗贼最害怕嗅觉灵敏的猎犬!"

赫胥黎以比对比,引出被比的事物"盗贼",巧妙地戳穿了宗教首领的丑恶本质和害怕真理的面目。

当你面对别人恶意的侵犯时,具备随机应变的语言表达功力非常重要。

在防卫中运用优雅、得体的语言把你的智慧和大度发挥得淋漓尽致。

幽默——让尴尬不再尴尬

幽默是化解尴尬的一剂灵丹妙药。谈话中偶然的冷场或者突如其来的窘境往往使大家不知所措,这时一个恰当的幽默就会起到神奇之效,让你轻轻松松走出来。

几位年轻同事在饭店里小酌,一位爱说俏皮话的男士夹起一个油光发亮的鸡腿硬要一位女同事吃,女士正在谦让,他脱口说出这样的话:"只有你配吃这个鸡腿,因为你和它一样。"这位体态丰盈的女士顿时满脸通红,气得一句话也讲不出来。

与上例相似,女主人给两位登门造访的老同学端上两杯咖啡,一位老同学开玩笑似的对另一位同学说:"秃子跟着月亮走——我是沾了你的光。"不料女主人的丈夫满脸不悦地走开了,原来这位丈夫是中年谢顶的人。

这些使人张口结舌、面红耳赤的尴尬处境,大部分人都曾体验过。

还有一些喜欢和别人捣蛋的人,在公共场合,他们会突然把你搂住,然后提起一件你讳莫如深的往事,有恃无恐地出你的丑,或是公开你的隐私,或是阔谈你干过的傻事和闹出的笑话。如果这时你生了气,他就会说:"这只不过是跟你开开玩笑,你也太神经过敏、太缺乏幽默感了。"

日本的多湖辉一直从事对人们处在尴尬境地时的各种表现的研究。他指出:"人们在公开场合被羞辱,通常并不认为是在开玩笑,或者是微不足道的小事。当人的感情受到伤害时,我们中的大多数人会十分愤怒,表现为张口结舌或者满脸通红。但是,我们可以有另一种比较聪明的解决办法,保持沉默,或者设法改变你的处境。"

第四章 >>> 巧言妙语
聪明女人怎样摆脱社交尴尬

别花过多的时间为你受到的伤害而烦恼,不要冥思苦想这类"为什么这人要对我如此恶作剧"的问题。也许有些人是故意使你感到窘迫的,因为他们觉得你对他已造成威胁,或者是想惩罚你曾经做过对不起他的事;而另一些人是习惯于开这类玩笑的,他们毫不考虑别人是否受到伤害。对于后一类人,没有必要去计较他是否是故意的。

多湖辉先生说:"完全没有必要去追究一个人的所作所为是否别有用心。"相当可能的情况是他压根儿没有意识到你会受到伤害。当你向他指出其失礼的言行后,这位呆头呆脑的冒犯者通常会向你致歉。

有了这种认识后,心情就不会那样紧张激动。当他用光滑的鸡腿比拟你丰满的大腿时,你不妨接上一句:"当然你是不会把自己比做动物的。"这枚软钉子完全可以使你从失败者变成胜利者,不过脸上要多带一点笑容,如果你捧腹大笑,那场面就更带劲了。

当然,怎样摆脱窘迫的处境,要依情形而定。如果你的上司在你做事时三番五次地责备你,你可以心平气和地指出:"我们是否可以私下谈这个问题?"

同样地,伤害你的人若是你的配偶或亲密朋友,你可以说明你觉得多么尴尬、为难甚至是痛苦,远比以同样的方法去回击对方要好得多。如果这人继续不分场合地使你窘迫不堪,你可明确指出:"我觉得以后很难再信赖你。"

下回有人故意羞辱你时,你可以采取比较激烈的方法。有时,你必须使这种羞辱立即停止下来。你可以说:"你已经使我难堪了,你不介意告诉我这都是因为什么缘故吧?"或者说:"你似乎心烦意乱,是不是我有什么事使你不高兴了?"

不管怎样做,都要避免动怒,千万别发火。如果失去了泰然自若的态度,你就只能使对方占上风,使别人对你产生不满情绪。再说,跟那些修养极差或别有用心的人生气不值得。

相当多的时候,最好的办法是靠急中生智和幽默感。多湖辉曾讲了一个典型的故事,故事讲的是两位作家之间的交锋。一位作家刚完成一本书,正陶醉在人们的赞美声中,另一个作家对他有些嫉妒,不顾别人的劝说跑去和他说:"我喜欢你这本书,是谁替你写的?"他马上回敬道:"我很高兴你喜欢它,是谁替你读的?"

一位饭店老板对一个女服务员在工作时间总打电话非常不满。她对这位女招待说:"对你每天总接电话的行为,你知道我是怎么想的吗?"女招待说:"你大概想,怎么总没有顾客给我打电话。"噎得女老板满脸通红。

所以,急中生智,既柔中带刚,又不失风度,这往往是最好不过的回击办法。

幽默是人与人之间沟通的一剂良药,同时也是智慧的火花。

据说,英国首相威尔森在一次演说进行到一半时,台下有人喊:"狗屎!垃圾!"

这明明是指威尔森演讲的内容,但威尔森这位干练的政治家故意装糊涂:"狗屎?垃圾?公共卫生?各位先生,我马上就要谈这个社会问题。"就这样,他不仅没有被窘倒,反而得到一片喝彩。

如果有人说你:"你这副样子,迟早会倒霉!"你可以和颜悦色地对他说:"太感谢你了,我努力争取不像你一样倒霉!"

幽默之所以能使人在生活中化险为夷,是它可以将哲理和人的心智进行结合,用新视角去发现生活中的矛盾。

自我解嘲,化解尴尬的大智慧

自我解嘲是在自己尴尬的处境下,诙谐地为自己进行辩解或嘲讽。在人际交往中,它可以协调人与人之间的紧张关系,张扬解嘲者幽默风趣的

第四章 >>> 巧言妙语
聪明女人怎样摆脱社交尴尬

个性。

然而,从自嘲者的本意来看,又并非止于自我嘲弄,多有"醉翁之意不在酒"的意味,具有表里相悖、言此意彼的特点。自嘲在交际中具有特殊的表达功能和使用价值,可以用笑声起到正常表达起不到的作用。作为一名女性,当你陷入尴尬的境地时,借助自嘲往往能使你从中体面地脱身。

杨澜在担任《正大综艺》节目主持人时,曾被邀请到广州市天河体育中心担任"第九届大众电视金鹰奖颁奖文艺晚会"的主持人。演出晚会中,在报幕退场时,她不小心被台阶绊了一下,扑通一声滚倒在地。这种洋相的出现,确实令人难堪。但杨澜非常沉着地爬了起来,凭着她主持人特有的口才,笑容可掬地对台下的观众说:"真是人有失足,马有失蹄呀。我刚才的狮子滚绣球的节目滚得还不熟练吧?看来这次演出的台阶不那么好下哩!但台上的节目会很精彩的,不信,你们瞧他们。"

她话音刚落,全场观众为她机敏的反应报以热烈掌声。

杨澜这段自我解嘲式的即兴演讲非常成功,不但为自己摆脱了难堪,还让广州人民领略了她的出众才智和非凡口才。她的高明之处就在于用自嘲的话对自己的失误进行了巧妙地渲染,又借着"晚会"这个主题进行了发挥。然后迅速将观众的注意力转移到了节目中去,这样短短的几句话,天衣无缝地为自己搭好了台阶。

还有一位女演唱家也碰到过类似的情况,她的自嘲言语也是非常高明。这位光彩照人的女演唱家,曲毕谢幕时,没有走出两步,便被麦克风的电线绊倒在地,华丽的服装、娇美的身躯与当时的狼狈形成了一种强烈的对比。当时,观众一片哗然。

然而,这位女演唱家并没有慌张,她急中生智地站起来,拿起话筒说:"我真正为大家的热情倾倒了!"

顿时,杂乱的声音被一阵阵的笑声和掌声代替了。

女演唱家用这种得体的自嘲方法,挽回了自己的面子。在工作与生活中,有些女性因为过于害羞,一遇到尴尬之事,便不知如何是好,只懂得匆匆溜掉,有的甚至掩面而泣。其实,女性一旦因自己失误而造成不好下台,最聪明的办法应该是:多些调侃,少些掩饰;多些自嘲,少些自以为是;多些低姿态,少些趾高气扬。

当对方的话语有意无意地冒犯了你,使你处于尴尬境地时,借助自嘲摆脱窘迫,常常比反唇相讥更有效,有时对方也会有所察觉,因歉疚而设法转圜。在一次舞会上,一个个头偏矮的男子,去邀请一位身材高挑的女孩跳舞,那女孩傲慢地拒绝说:"我从不与比我矮的男人跳舞。"男人听了没有发火,也没有指责对方,而是淡淡一笑,自嘲地说:"我真是武大郎开店,找错了帮手!"那女孩听后脸红耳赤,反而不自然起来。自嘲,使那位男士走出窘境,保持了心境的平衡,而且还把尴尬抛还给了那个伤害自己的女孩。

如果说幽默是智慧和力量的结晶,那么自嘲则是智慧和勇气的结果,鲁迅说过:"我的确时时解剖别人,然而更多的时候是更无情地解剖自己。"解剖自己需要勇气,自嘲同样需要勇气,一个敢于自嘲、懂得自嘲的女人,必定是个自信的、人际关系良好的女人。

机智巧妙地应付尴尬

在人际交往中,有时免不了出现触犯对方忌讳的情况,这或多或少会给人际交往带来负面的影响。为了使自己的失误能够及时得到补救,创造良好的人际关系和心境,最要紧的是掌握必要的纠错方法。

1. 及时掩饰而言他

为自己打圆场,最主要的是不刻意回避掩饰。如果是细枝末节的问题,不妨用转移目标或话题的办法,引开别人的注意力。如果别人已有所觉察而问题并不严重,稍作解释一下即可。如果性质较严重,而且已引起了别人的不快,甚至反感,就要当场予以解决。拖得越久,后果越不好。

清朝乾隆年间,文字狱是非常恐怖的。杭州南屏山净慈寺有个和尚叫诋慧,经常议论国家大事,且嬉笑怒骂,讽刺朝野。乾隆也早有所闻,为了找个借口惩治诋慧和尚,他微服来到净慈寺。见到满院的青竹,乾隆就拾起一块毛竹片,指着篾青问诋慧:"老师父,这个叫什么呀?"乾隆的意思是,如果诋慧和尚回答成"篾青",篾青谐音"灭清",可以以此为借口处罚诋慧,但诋慧灵机一动,回答说:"这是竹皮。"乾隆一听,很不甘心,又把竹片翻过来,指着篾黄问:"老师父,这又是什么呢?"篾黄谐音"灭皇",如诋慧回答成"篾黄",仍然可以惩治他。但是,这次诋慧和尚仍没有中计,而巧妙地回答:"这个叫竹肉。"诋慧和尚再次逃过了文字狱的陷害。

诋慧和尚用了伪装掩饰而说出多变的代言词的方法,不失为补救的有效手段,及时地化解了难堪。

2. 以错类比巧转移

有这样一位数学老师,他走上讲台时同学们忽然大笑起来。他莫名其妙,这时坐在前排的一位女生小声说:"老师,您的扣子扣错了!"

他低头一看,可不,衣服的第四个扣子扣在第五个扣眼里。批评学生吧?不该。马上改过来好吗?也许可以,不过总有些尴尬。

他灵机一动,微笑着说:"老师想心事了,匆匆忙忙赶着来与你们相会。不过,这也没什么好笑的,我想起你们有的同学做作业时,运用算术公式不也这样张冠李戴吗?好吧,下次我们共同注意吧!"

这位教师用自嘲的语言既为自己解了围,还转移了学生对他衣服的注意,起到了相似教育的作用。

把自己失败的经历告诉对方,并不等于自我贬损,相反会使对方戒心大减,在不知不觉中对这个人产生好感,换取心与心的坦诚交往。

3. 一杆到底扎入位

在不经意间,错话已说出口,有时不便及时更正,不如有意在错的地方大做文章,让听者进入新的情境中去,使自己顺利摆脱难堪的场面。

老王的同学到家里来聊天,两人在客厅里天南海北地聊着,不知不觉已经到了用晚餐的时间了。老王五岁的小儿子跑了进来,趴在老王的肩膀上咬耳朵。老王聊得正高兴,很不耐烦地训斥儿子:"没礼貌!当着客人的面咬什么耳朵?有话快说!"

小儿子顺从地大声说:"妈妈叫我告诉你,家里没有菜,不要留客人吃饭。"一时间,两个大人都愣住了,多尴尬!怎么解释啊!

老王脑筋一转,伸出手来,在儿子的小脑袋上轻轻打了一下,然后说:"小笨蛋!我不是告诉过你了?只有在喜欢赌钱、吹牛皮的小叔来的时候,才要跑出来说这句话吗?你怎么弄错了?"

尴尬局面的出现,往往是刹那间的事情,如果缺乏镇静,大惊失色,那只能是手足无措、乱上添乱。所以,遇到这样的场合,首先要做的就是保持镇静,冷静地观察局势,然后随机应变,机智巧妙地应付尴尬。

在一次热闹非凡的婚礼上,正当各位来宾高高兴兴地向新郎新娘表示祝贺时,一位客人不小心把一只精致的茶杯碰落在地,摔得粉碎。当时,全场人们立即被这意外的事情打断了话题,喜庆气氛顿变,由轻松突然变为紧张。碰掉杯子的人成为众目睽睽的对象,感到非常窘迫,新郎新娘也很难堪,不知如何是好。这种困境如不及时解除,欢乐的婚礼必定蒙上一层不快的阴影,也许还会给新婚生活留下不祥的预兆。这时,一位思维敏捷的女人灵机一动,出人意料地又摔了一个茶杯,大家正惊奇之中,这人当众说道:"一'碎'加一'碎',这叫岁岁平安。"此话一出,众人哄堂大笑。这位思维敏捷者的话语的确是够幽默的了,这大吉大利的语言,解除了困窘局面,婚礼的气氛重新又热烈起来了。

在社交活动,甚至是重大的国际交往谈判中,也常常会出现僵局和困窘的局面,幽默是打破僵局的一剂妙方。机智与幽默往往同时存在,那些机智的人物具有幽默的口才,显示了他们卓越的才能。

用善意的谎言排除尴尬

谎言是不可避免的,就像世界不可缺少真实,在真实与谎言之间,孰是孰非,全看你的动机与目的,才能与善恶相提并论,如同谎言有时却是善意情感的表露。

小郭是一个很无趣的人,小孟很不喜欢和他在一起,所以当小郭邀他下班后去吃饭时,小孟就编了个谎话说:"今天很忙,实在没空。"予以拒绝。

像小孟拒绝小郭的邀约,就是使用说谎的权宜之计,因为不管怎样,小孟总不能说:"和你这种人喝酒实在是很无聊的事,所以我不去。"这样说是很伤感情的。

好不容易打发了小郭后,小孟又犯了酒瘾,于是约业务科的老陈到公司附近的小馆子去喝一杯。

没想到小孟与老陈喝得正起劲的时候,小郭突然出现了:"小孟,你不是说今天没空吗?"

很显然,这是一个极尴尬的场面,由于事出突然,小孟一时也找不出话回答,只是心想要怎样才能消除这种尴尬……小孟该怎么办呢?这时要注意,谎话比真话更容易让人接受,但说谎一定要艺术一些。

既想避免跟对方针锋相对,又要达到自己的目的,有时候一个善意的谎言是非常有效的。

在这种情形下,最好就是大家都坐下来喝酒。而且对第三者出现的理由,一定也要有交待。

"唉呀！真没想到会在这里碰见你！"

"我才真没想到你竟然会在这里喝酒呢！"

"来,来,先坐下来喝一杯再说……"

"本来今晚约我谈生意的人,就在你离开后打电话来说临时有急事要取消约会。使得我很懊悔没有接受你的邀约,等我去找你时,你已经离开了。凑巧碰到老陈,所以我找他来这里喝一杯了……"

在这里,不撒上小小谎言还真不行,可见只要目的单纯,没有害人之心,谎言是一把上得来下得去的梯子。

当然,在酒桌上好说话,容易圆谎。要是在其他场合中谎言被识破该怎么办呢？用装傻充愣的办法也能顺利过关。

小刘常向人们吹嘘自己是个好猎手,沾沾自喜地谈论自己高明的枪法。

一天,他同朋友去打猎,朋友指着河里一只野鸭请他开枪,他瞄了一下扣动扳机,但没有打中,野鸭飞走了。

朋友为他难为情,他却毫不介意,对朋友说："真怪！我还是第一次看到死鸭子能飞呢！"朋友听了捧腹大笑。

"我还是第一次看到死鸭子能飞"是荒唐无比的痴言呆语,而正是这句痴言呆语,才让自己摆脱了窘境。

第五章

以柔克刚，聪明女人要学会利用天生的资本

博览群书，充实你自己
塑造女人迷人的个性
示弱者勇
放低姿态，人人具有同情弱者的天性
成为有魅力的女人
柔和的言辞更有威力
会哭的女人才有"饭"吃

博览群书,充实你自己

曾任哈佛大学校长达 30 年之久的叶洛特博士曾说:"我仅承认一件事,受过教育的男女们,在知识上所应得的收获,就是能够正确、优美地使用本民族的语言。"

要增进自己的知识,书是真正的秘诀所在,多阅读书籍,不断地充实你讲话所用的词句。英国的约翰·伯莱特说,他觉得每逢走进图书馆,就愤恨人生太短促了,使他不能够将心爱而珍贵的书都去遍览一次。伯莱特 15 岁时就被迫辍学,到一家棉纱厂中去做工,从此便没有再返学校课堂的机会。可他不但英语讲得流利纯熟,并且能对拜伦、弥尔顿、雪莱的长诗熟读深思,又能将莎士比亚的名剧倒背如流。他每天总要温习一遍《失乐园》,以充实他的字句,提高他的能力,最后终于成为英国 19 世纪最伟大的演说家。

做了总统的林肯,以及在南北战争军务繁忙中,每晚睡前,还要读几首歌德的诗,或者在半夜醒来,也要拿起诗集来念。当他发现美好的句子,总是兴奋地跳下床来,只穿上睡衣,便连奔带跑地走到大厅,找到他的书记,一篇一篇讲给他的书记听。

一个胸无点墨的人,当然不能期望他对别人的问题能应对如流。学问是一个利器,有了这个宝贝,一切便可迎刃而解了。你虽然不可能对各种专门学问都有精湛的研究,但是你却不妨采取"鲸吞泛读"的方法来达到扩展

第五章 >>> 以柔克刚
聪明女人要学会利用天生的资本

自己知识面的目的。能巧妙地运用你已了然于胸的广泛的知识,那么和任何人进行10分钟有趣的谈话,想必是没有困难的。

读书看报是你充实自己的有效方法。随着社会的进步,每月出版的各类书刊杂志越来越多,经常阅读书刊,是最低限度的准备工作。国际和国内的动向、一般的经济发展趋势、科学上的新发明和新发现、世界所广泛关注的事件和新闻人物,以及艺术名作、电影戏剧等内容,都可在每日的报纸和每月的杂志中看到。

在你看报的时候,拿一支红蓝铅笔,把每天最有趣的新闻,或是所看的好文章勾出来,要是能剪下来更好。一天只要两条,两个星期之后,你便可以记下不少有趣的事情了。

在你看杂志或书籍的时候,每天都要记住其中的一两句你认为很有意义的话,用红蓝铅笔在那句话边上画上线,如果能抄在你的日记本上那就更好了。记住,开始时不要贪多,因为你还不太习惯,不要一开始就使自己过分为难,否则没有几天你就会放弃了。

每天只要一两句,既省事,又容易记。你千万不要看不起这一两句,如果你每天不停地记下去,两三个月后你就会发现你的思想比以前丰富得多了。每当你谈话的时候,很容易就会想起它们,或者用自己的话把它们加以发挥。这些有趣的话题,随时随地都会冒出来帮助你,帮你脱离窘境。

另外,图书馆和网络是一个巨大的信息宝库,要善于利用它们。几乎每个图书馆都有定期文献、读者指南。这个来源列出了杂志文章的作者、题目和主题,多年成卷,存于图书馆的参考资料部分。

一套好的大百科全书选集(如《大英不列颠全书》、《大美百科全书》)在许多图书馆都可以见到。而且,这些书对于所列条目的说明无论何处都是简明扼要的,每年的年鉴所提供的资料使这些百科全书通常能跟上潮流。但是,你的知识来源不应仅限于它们。

目前,网络是发展迅速的电子产物,你只要轻轻点击几个著名网站,就可以获得大量资料,你也可以随意进入世界著名的图书馆浏览。利用互联网能够更快、更迅速、更便利地获取材料。

"工欲善其事,必先利其器",这虽是一句老话,但至今仍然适用,所以,要想成为一个最会说话的女人,首先必须充实自己,做到"利其器"。

塑造女人迷人的个性

每一个女人的个性都不相同,一般来说,幸福女人的个性是比较迷人的。其实,女人的个性还是有一定可塑性的,它可以随着现实环境的多样和改变而或多或少地发生变化,在这其中自我调节起到非常重要的作用。因此,每个女人都可以塑造自己迷人的个性。

俗话说:人如其画,各有不同。生活中,每一个女人都有其独特的个性特点,比如有的女人性格温柔,有的女人脾气火暴,有的女人常常谈笑风生,有的女人往往沉默寡言。这些比较稳定地出现在一个女人身上的特点,就是我们所说的个性。

所谓迷人的个性,说白了,就是能吸引人的个性。任何人都有个性,但你的个性是否令人喜爱,那就是另一回事了。

那么,怎样做才能使女人拥有迷人的个性呢?

首先,你要对其他人的生活、工作表示出浓厚的关心和兴趣。每个人都认为自己是特别的个体,每个人都希望受人重视,这一点值得注意,我们应该承认每个人的独特的价值。如果你对他人表示了足够的关心,那人们必定会对你有所回报的,他们会说你"这个人真好,特别热情,特别会关心体贴人,是一个会爱的女人",并会随时随地对别人说你的好处。

其次,健康、充满活力和具有丰富的想象力也会使你显得迷人可爱。大家都喜欢富有生气的阳光女人,而没有人会喜欢无精打采、死气沉沉的人。

第五章 >>> **以柔克刚**
聪明女人要学会利用天生的资本

轻松活泼的女人可以给周围人带来一股清新之气,周围的人和气氛也会因此而发生改变,相信人人都会因此而对你产生好感。

再次,要有容忍的气度,这是女人塑造完美个性的最重要一点。每个人都希望自己被人接纳,希望能够轻松愉快地与人相处,希望和能够接受自己的人在一起。那些嫉妒心很强的小气女人,一定不会受到周围人的欢迎和喜爱。所谓气度,就是不要让别人的行为合乎自己的准则,每一个人都会按照自己喜欢的方式来主宰自己的行为,而通常都会有一些行为是不合乎你的准则的。尤其是夫妻之间,做妻子的必须能够容纳丈夫的缺点,只有你的信任和爱,才能得到丈夫的信任和爱。相反,如果丈夫回家后,妻子只会无休止地唠叨和埋怨,换来的会是丈夫的反击或者是沉默,甚至会失去了他对你的耐心,彼此相互挑对方的不是,恶性循环,从而导致感情的破裂。很多大企业老板在提升他的员工的时候,会在提升之前调查他的妻子,看他的妻子是否能够充分信任她的丈夫。

最后,要经常看到别人的优点,学会赞扬别人,这样可以使被夸奖的人感觉到你对他的关注,从而加深你在他心目中的地位。一个成熟的女人,不会停留在接受和忍耐别人的缺点上,她会随时看到别人的优点。每一个人身上都拥有着各自不同的优点,而你的魅力就是集合他们的优点在你自己的身上。只要你能够细心观察,并取别人的长处来弥补自己的不足,迷人的个性就不知不觉已经存在于你的身上了。

示弱者勇

谢娜与刘梅一同进了一家公司,两个人年龄、身高和气质、资历都差不多。刘梅看起来有点柔弱,说话细声细气的,做事慢条斯理,一副惹人怜惜的样子。做错了事情,她就那么充满愧疚地望着你,令你都不好意思责怪她。对同事和下属,她也是一副柔柔弱弱、充满依赖的样子。平时的服饰介于休闲装和职业装之间,随和又不随便。谢娜则完全不同,快人快语,行动迅疾,能干和凌厉都写在脸上。就像大多数能干又看不起笨拙的人一样,她对能力比她低的、头脑比她笨的、行事比她木讷的、做事不够积极的同事,总是忍不住会把轻视和不耐烦写在脸上。她每天穿着令人肃然起敬的职业套装,整个人就是一台开足马力的机器,令人不敢靠近。

大家想当然地觉得谢娜厉害,而刘梅比她弱势得多。但谁会喜欢同一个特别厉害的人做朋友呢!一年下来,刘梅广结人缘,每个人都喜欢她温文小心的模样。遇到她苦着脸,碰到难题的时候,愿意给她提供帮助的人也特别多。受到帮助之后,她那份感激看起来特别真诚,特别令人感动。而谢娜则通常是独来独往,对于不太了解的东西,她下了死功夫自己钻研。

然而到了年终,展示销售业绩的时候,看起来懦弱无能的刘梅在业务排行榜上超过许多人,当然包括看起来强悍的谢娜。这一点着实出乎大家的意料。谁也不曾想到,填一张单子都似乎怕出错、小心拘谨的刘梅怎么有那么大的能耐!

刘梅第二年就升了职加了薪。她依旧是一副无助、似乎时刻需要帮助的模样。而谢娜因为没有升职,脾气似乎更坏了。

来看一下一副柔弱姿态的刘梅怎么与客户谈业务的,那绝对可以称做是一副让人无法拒绝的缠人姿态:"你要看我做的报价吗,人家做了一整天呢,你不看我要生气的。还有,上次的费用你要结算了哦,不能拖着,人家很紧张的。"嗲溜溜的姿态如此令人不忍拒绝,不经意间,你就中了她的柔软计。同她那种缠缠绵绵的样子比起来,谢娜的公事公办就显得有点没趣了。

刘梅柔弱胜刚强的做法,在这里又一次得到了验证。柔弱的刘梅一步步地取得成功,而刚强的谢娜却没有取得与之刚强的个性相应的成绩。刘梅的柔弱与谢娜的刚强之间的较量,柔弱毫无疑问取得了胜利。

那么为什么柔弱却能胜过刚强呢?俗话说,"鹰立如睡,虎行似病",这

第五章 >>> 以柔克刚
聪明女人要学会利用天生的资本

形象地说明了两种自然界最强有力的动物的攫食之道。这种强者装弱的妙法,既避免了自己因锋芒太露而引来的攻击,又麻痹了对手的防备意识,所以这两种动物一旦出手捕食,几乎就不会落空。而古今许多谋划大业者,也借助此道取得了成功。

我们可以看到,很多事业型的女强人婚姻生活往往不是很幸福,原因就在于太要强,不喜欢让男人宠。然而男人偏偏就有一种英雄情结,与其说他们有责任保护女人,不如说他们喜欢保护女人,希望自己的老婆单纯、柔弱,甚至是那种没有他们就活不下去的女人。

有位太太就很懂得其中的道理,因此她和丈夫的关系一直很恩爱。她对先生说:我跟你不容易,你永远都不要辜负我。就是这么一句话,让做丈夫的感到身上的重担光荣而艰巨。其实,这位太太的年收入超过10万,工作体面,家庭之外给人的印象精明能干,甚至霸气,绝对属于强人。柔弱者,与收入无关;示弱,绝对是一种高超技术。

恋爱八年的陈东和张丽终于迈入了婚姻的殿堂。两人能走到一起,只因投缘,一个喜欢做大男人,一个乐于做小女人。陈东说:"如果阿丽是大女人,两个都互不迁就,就只能以分手收场。我找女朋友没说一定要是小女人,只是我喜欢阿丽,而她又是这样。"

事实上,在中国这个传统的国度里,男人一般都喜欢小女人,所以现代女人变得太强悍实在不是一件明智的事。习惯在家中颐指气使,在办公室里大刀阔斧的女强人,最后往往会输给只会撒娇发嗲却能把男人支使得团团转的"二奶"。她们输了还不明白,同样是指挥男人,自己怎么就败下阵来,男人为什么如此没眼光。然而,到底是男人没眼光,还是女人自己应该更加聪明呢?

在这个竞争激烈的时代,不懂得示弱的人是不善于保护自己的,在求人帮助的时候,不懂得示弱是难以办成事的。所以,我们要学会示弱,示弱并不是无能,并不是自己没有实力,相反正是一种能力和实力的表现。

放低姿态，人人具有同情弱者的天性

老子一向主张"以柔克刚"，这点在很多地方都有体现，如《吕氏春秋》中也载"老聃贵柔"。

同情弱者是人的天性。同情是一种高尚的情感，更是一种人性弱点。所以，经常会有人利用人性的这个弱点来示弱，以取得以柔克刚的别样效果。

比如，在演讲、谈话和日常生活中，恰当地对他人进行示弱，能有效地抵消嫉妒和敌意的情绪，引开或避免对方的注意，出其不意地取得胜利。

当然，在事业和竞争等一些关键的地方，为了取胜，无论如何不可以示弱。但在特定情况下或一些无关紧要的事情上，公开承认自己的短处，有意暴露出某些方面的弱点，示弱给对方，往往是一种有益的处世之道。

强者示弱可以减少不满或嫉妒。事业上的成功者，是生活中的幸运儿，被人嫉妒是客观存在的。这种社会心理现象一时是不可能消除的，它是人们的一种认知。在这种情况下，最好的办法就是示弱，用适当的示弱方式将其消极作用减少到最低限度。

以前常说人们都有一种"仇富"心理，现在这种心理演变成了"仇强"心理。所以，即使再强大、再成功，请别忘了示弱。示弱能使处境不如自己的人保持心理平衡，有利于团结周围的人们。要使示弱产生积极作用，必须善于选择示弱的内容。地位高的人在地位低的人面前，不妨展示自己学历不高，经验有限，知识能力有所不足，有过种种曲折难堪的经历，表明自己实在是个平凡的人。成功者应多在别人面前说自己失败的过去、现实的烦恼，给人以"成功不易"、"成功者并非万事大吉"的感觉。对眼下经济不如你的人，可以适当诉诉自己的苦衷，诸如健康欠佳、子女学业不妙以及工作中的诸多

第五章 >>> 以柔克刚
聪明女人要学会利用天生的资本

困难,让对方感到"他家也有一本难念的经"。某些专业上有一技之长的人,最好宣布自己对其他领域一窍不通,袒露自己在日常生活中如何闹过笑话、遭遇窘迫等。至于那些完全因客观条件或偶然机遇侥幸获得名利的人,更应直言承认自己是"瞎猫碰到死老鼠"。这样虽不能完全将别人嫉妒的心理打消,却也可以将此心理减小到最低。示弱并不是自己真的不行,而是需要别人的帮助,这样才会更加的强大。

社会生活节奏快、充满竞争,每个人都会觉得压力很大,很难有成就感和满足感。在关心弱者的时候,人可以从侧面证明自己比别人强,体现自己的实力和能力,自己心里也会油然而生一种优越感。相反,如果一个人在比自己强的人面前,就难有这种满足感。

示弱可以是个别接触时推心置腹的长谈,幽默的自嘲则可以在大庭广众之下进行,这样有意识地以己之短,衬人之长,往往也能收到意想不到的效果。

不妨来看看勾践卧薪尝胆的故事。勾践被吴王夫差打败之后,不得不遵从吴王夫差的要求,怀着满腔的羞愧,带着送给吴王的宫廷美女及金银财宝,带着自己的王妃虞姐,从此去吴国做囚徒。他深深地知道,如果要复国报仇,除了忍让之外,还要以卑微博取夫差的同情和怜悯。勾践养马放牧,除粪洒扫,辛勤劳作之外,看上去没有一丝怨恨之色,这使得吴王对他大大放松了警惕。一天,吴王夫差登上姑苏台以后,远远地就望见勾践和夫人端坐在马粪旁边,油然生出同情和怜悯之心。他对太宰伯嚭说:"在这种穷困的环境之下还能坚持,真是不容易啊!"伯嚭本已被文种买通,自然会帮勾践说话,他说道:"不仅仅是可敬,更是可怜啊!"

夫差说:"太宰所言极是,我真的有些不忍心去看了。假如他们可以改过自新的话,那么就赦免他们,让他们回到自己的国家吧!"

一次,勾践听说吴王夫差有病,请求去探视,此时恰逢吴王要上厕所,勾践便说:"臣在东海,曾经与医师学习过,观察人的粪便,这样就可以知道人的病情。"

111

一会儿,吴王大便完毕,将桶拿到门外,勾践揭开桶盖,手取其粪,左右都掩着鼻子,而他却跪在地上尝了尝。勾践又走到室内,跪下叩头说:"囚臣敬贺大王,你的病两三天就可以好了。"

吴王夫差问:"你是怎样知道的?"

勾践说:"臣听医师说,夫粪者,谷味也,顺时气则生,逆时气则死。今囚臣尝大王之粪,味苦且酸,正应春夏生发之气,所以知之。"

夫差大受感动,说:"你真的仁义啊!比儿子侍候的还好。"

不久以后,夫差就送勾践回国了,这才有了后来的灭吴之举。同情弱者是人性的一大弱点,也是人性的光辉。人都有恻隐之心,吴王也不例外。

勾践无疑是利用示弱降低了夫差的智商,才使自己从一个丢国弃民的人再度成为一方之主。在此过程中,忍耐只是它的形,而通过忍耐以获取所求之人的同情和怜悯才是其神。因为只有这样才能攻破对方的心理防线,对方才可能考虑你的要求。

同情弱者是人性的一个弱点,利用好这个弱点,让其来为我所用,这样女人做起事来才更易成功,更易得到人们的帮助。

成为有魅力的女人

每一个女性,无论漂亮与否,都希望自己是有魅力的。有魅力的女人最容易成功。这道理也是再简单不过了,有魅力的女人,她的一举一动都有着神奇的吸引力,就像一块磁铁一样,有一种征服人心的力量。

个人的人格魅力同她的智力、受教育程度一样,是与她的前途息息相关的。在实际生活中,我们常常发现这样的情况:许多能力平平,但相貌堂堂、举止优雅的人,比起那些聪明而博学的人来,能获得更快的提升,有时甚至

第五章 >>> 以柔克刚
聪明女人要学会利用天生的资本

把那些头脑聪明的人远远地抛在了后面。

魅力并不是与生俱来的,而是在生活环境中塑造出来的。也就是应该先知道魅力的来源,再去塑造自己的魅力,这些魅力往往是通过天长日久,一点一滴积累而成的。当你的特色越来越多,魅力也就随之而产生了,而这种魅力就蕴藏在你平常的做人和做事的原则之中。

有一位女施主,家境非常富裕,不论其财富、地位、能力、权力,还是漂亮的外表,都没有人能够比得上,但她却郁郁寡欢,连个谈心的人都没有。于是她就去请教悟静禅师,如何才能具有魅力,以赢得别人的喜欢。

悟静禅师告诉她道:"你能随时随地和各种人合作,并具有和佛一样的慈悲胸怀,讲些禅话,听些禅音,做些禅事,用些禅心,那你就能成为有魅力的人。"

女施主听后,问道:"禅话怎么讲呢?"

悟静禅师道:"禅话,就是说欢喜的话,说真实的话,说谦虚的话,说利人的话。"

女施主又问道:"禅音怎么听呢?"

悟静禅师道:"禅音就是化一切声音为微妙的声音,把辱骂的声音转为慈悲的声音,把毁谤的声音转为帮助的声音,哭声闹声,粗声丑声,你都能不介意,那就是禅音了。"

女施主再问道:"禅事怎么做呢?"

悟静禅师:"禅事就是布施的事,慈善的事,服务的事。"

女施主更进一步问道:"禅心是什么呢?"

悟静禅师道:"禅心就是你我一如的心,圣凡一致的心,包容一切的心,普利一切的心。"

女施主听后,一改从前的骄气,在别人面前不再夸耀自己的财富、自己的美丽,对人谦恭有礼,对眷属尤能体恤关怀,不久就被夸为"最具魅力的女人"。

有魅力的女人,人人都爱和她交友。和有魅力的人相处总是愉快的,她好像雨后的太阳,能驱除昏暗。一个人能否成功与她的个人魅力有密切的关系。那些能够成功地创造财富的人往往拥有能招财进宝的个性。良好的个人魅力是一种神奇的天赋,就连最冷酷无情的人都能受到感染。

个人魅力是一种神奇的做人手段,它能让一个才能平平的男人得到事业的成功,能让一个外表平凡的女子焕发动人的光彩。那些法国沙龙里的女主人通常都不是很年轻了,但她们的个人魅力却能使头戴金冠的国王相形见绌。在很多场合下,当人们的谈话陷入僵局之时,这种聪慧的女子能轻而易举地使整个局面得以改观。也许她们并不美丽,也并不年轻,但她们能将每个人的目光都吸引过来,成为大家追捧的对象。女性有漂亮的外貌不一定有魅力,丰富的内涵才是魅力女性永远的追求。

柔和的言辞更有威力

柔和的语言,在遣词造句、声调语气上都有一些特殊要求,比如,在交谈中应注意使用谦敬词、礼貌用语和赞美词,表示尊重对方的感情和人格,以引起好感。

某地蔬菜公司一位科长到外地调运蔬菜,卖方想趁机捞一把,因而报价很高,双方僵持不下。眼看市场供应就要脱销,心急火燎的科长却摆出一副无可奈何的样子自嘲地说:"其实,你们把我看高了,我不过是个小科长,还是个副的,手里能有多大权力?再说,天气这么热我花大价钱办一笔赔本的买卖,这个责任我担得起吗?"他的这番自嘲,不但使指望过高的卖主们大为泄气,而且对他的"苦衷"还产生了同情。最后终于妥协,降低了价格。

用柔和的言辞,善意的劝诫、提醒和关照的方式,曲径通幽表达批评、硬性规定和要求,就能使你的语言变得柔和而又充满人情味,从而让人欣然接受和执行。正如"有时候,温柔比皮鞭更有力量"这句话所说。

陶行知校长有一次在学校见到两个男同学在打架,便让其中挑起事端的那个同学到校长办公室一趟。陶校长到了后,那男生已经站在那儿了。陶校长便说:"你在我之前到,说明你很讲信用。这块糖奖给你。"那男生原以为会听到严厉的批评,结果吃了一惊。陶校长又继续说:"我调查了一下,你打那个同学,是因为他欺负女生,这说明你很有正义感。这块糖也是奖给你的。"说着又掏出了一块糖。那男生再也忍不住了,哭了起来,边哭边说:"这事我不对,我不应该动手打人。"陶校长一听,又掏出一块糖,说:"我还没有说,你自己就能认识到错误。这块糖也是奖给你的。"

陶行知校长用温柔的力量对男同学的错误行为进行了批评教育,效果非常好。试想,若他用严厉的态度将男同学大批一顿,效果不知该会怎样。在求人办事中,我们更应该用柔和的语气去打动对方,因为柔和的语言显得更有动人之力。

会哭的女人才有"饭"吃

生活中求人办事,总不可能一帆风顺,要有点"眼泪"的功夫。俗话说,伸手不打笑脸人,打"哭成一个泪人"的恳求者更很少有人会做。当然,"眼泪战术"并不一定局限于哭鼻子,凡装成一副可怜样的办法,都属于一种技巧。

某公司曾经用了一年的时间,才解雇一位美丽的领班。其实,想要解雇一位工作人员,并不是说句"你被解雇了"那么简单。

具体经过是这样的。在过去的一年里,人事经理与这位领班谈了四五次,而每次都在尚未进入主题时,领班就早已泣不成声了。也许是她有演戏的天分，但是对这位人事经理却已达到了绝佳的效果。每次经理都对公司领导说："如果必须开除她，你们自己去说吧，我办不到。"就这样，这位领班一直在那家公司做了一年。

俗话说：会哭的孩子有奶吃。同样，这个道理用于女人，会哭的女人有"饭"吃。

张玲英女士在华尔街某公司上班后，与她一起被公司录用的年轻同事曼丽，违反公司规定偷偷告诉她，她的薪水仅仅是曼丽的一半。"美国公司很歧视外国人。"她友善地说。张玲英几乎要气疯了，于是她跟老板据理力争。她对老板说："你也许不完全知道，与我一起应聘来的员工都无经验。而且这三个月以来，我的成绩最大，一共完成三个项目，其中一个是独立完成的，给公司创汇七万多美元，但被人抢了功。这，您知道！"她加重语气，"而且大家有目共睹，我是多么努力，我的上司根本没有耐心教我任何专业知识，却把我的成绩当做他个人的功劳，在公司获取最高的待遇。在这种情况下，我的薪水还要少于他人，这很难让我接受。我相信，这也难以让您接受。如果谁因为我的种族而欺侮我、歧视我，我一定和他拼到底！"她情不自禁地流了眼泪，"如果我是你们家庭的一个成员，你们的小妹妹，你们会这样待我吗？"最终，张玲英得到公司的道歉卡，同时加薪50%，并补足原来的数量。后来，老板告诉她，加薪的主要原因是因为她能"舍命"维护自己的权益。"一个能维护自身权益的人，就一定能维护公司的权益。"他说。

获得同情心不是非采用眼泪战术不可，但流眼泪是最好的方法之一。

生活中有些人脸皮太薄，自尊心太强，经不住人家首次拒绝的打击。只要前进一受阻，他们就感到羞辱气恼，要么与人争吵闹崩，要么拂袖而去，再不回头。看起来这种人很有几分骨气，其实这是过分脆弱的自尊，只顾面子而不想千方百计达到目的，对事业有害无益。

第六章

眉目传情，聪明女人要学会使用肢体语言

微笑可以拉近人与人的距离
用倾听获得对方好感
懂得倾听的技巧
眼神在交际中的作用
羞涩，最令人心动的表情
体姿，展现女人的优雅气质

微笑可以拉近人与人的距离

有句谚语说得好:"微笑是两个人之间最短的距离。"人际交往中离不开笑,一个没有笑的世界简直就是一个人间地狱。

我们无法改变自己的容貌,但是我们可以选择用微笑来装点自己,因为微笑就是一种最容易为人所接受的礼物。

其实,微笑最简单不过了,动一动脸部的肌肉就行了,但却有着不可估量的价值。明白了这一点,你就不会对为什么国外某些大百货商店宁可雇用一个小学未毕业但有一个可爱的微笑的女职员,而不雇用一个面孔冷漠的哲学博士等这类事件而惊讶不已。

一个善于通过目光和笑容表达美好感情的人,可以使自己富于魅力,也会给他人以更多的美感。人际交往中多一些尊重,多一些宽容和理解的表情,会让自己显得更美、更有风度。微笑像温暖的阳光,微笑像和煦的春风,微笑是促进你社交成功的必要手段。

每个人对自己的容貌都有个大致的印象,因此要设计一个符合自身气质和特点的形象,才能够吸引他人的注意力。那么,一个人脸上到底是什么使得你讨厌或喜欢他呢?人们对这个问题回答不一,但90%的人会告诉你,他们首先是被一个人的微笑吸引住的。然而,我们还是不要忘记,世上有各式各样的微笑。有虚情假意交际式的微笑,就像水龙头一样能够随意开关;

第六章 >>> 眉目传情
聪明女人要学会使用肢体语言

有常常为掩盖不愉快或不自在的心情而勉强摆出的微笑；也有真诚、热情、感激的微笑，这种微笑使得一个人普遍受到欢迎。当然，也只有这种真诚的微笑才永远对我们有益。其他各种笑都只能欺骗极少数的人，并且很快就会露出原形。这种微笑意味深长，要培养这种正确的微笑并不十分困难。如果你能养成一种习惯，常常畅想生活中美好的东西，并且只记住美好的经历，那么这些想法就会自然而然地反映在你的脸上。

首先，微笑是人际沟通的通行证。微笑能给人以温暖，令人愉悦和舒畅。人们如夸赞某家商场服务态度好，能热情为顾客服务，这时，在人们的脑海里，定会映出服务员真挚、热情的笑脸，这美好的形象会让顾客难以忘怀。于是，便带来了许许多多顾客的再次光临。

其次，微笑能打破僵局，解除人的心理戒备。人际交往的障碍之一就是戒备心理，尤其在一些重要的交际场合，人们的心理防线就筑得更加牢固，生怕由于出言不慎带来麻烦，有的人甚至是一言不发，有的人尽量少说话，这样，沟通就出现了障碍，很多交际场合出现了僵局。在这种情况下，微笑可以作为主动交往的敲门砖，拆去对方的心理防线，使之对自己产生信任和好感，随之进入交往状态。另外，上级在做下级思想工作时，多数下级都抱着一种戒备心理，防备上级，甚至产生一种抵触情绪。这时，上级就不能板着脸训斥下级，而是要面带微笑，鼓励下级把心里话说出来，这样才能彼此沟通，达到思想教育的目的。发自内心的真诚的微笑是一个人人格、品德的最好证明，常常能在瞬间起到消除戒备和成见的作用。

再次，微笑可以表示对他人的尊重和友好。每个人在交往中都希望能受到尊重，能被对方友好地对待，而这种友善的态度，除了通过交往双方的话语表达出来之外，那就是挂在双方脸上真诚的微笑了。不管是初次相见的人，还是彼此熟悉的人，都想从对方脸上看到这种表情。所以，国家领导人接见外宾时为表达对外宾的尊重和友好，要面带微笑；公司、企业的公关人员面对各方公众时，酒店、旅馆的服务员在接待顾客时，上下班的路上熟人相见时，微笑都表示出了对对方的尊重和友好。这种微笑能使对方的自尊心得到极大的满足,相反,表情冷漠,传递给对方的是不尊重、不友好的信息,即使勉强交谈下去,气氛也是沉闷压抑的,难以取得满意的效果。

最后,微笑能表示对他人赞许、谅解、理解等态度。如:在交谈过程中,用微笑、点头的方式,表示对对方意见的赞许;误解消除,对方道歉,你报之一笑表示谅解;面对顾客怒气冲冲的投诉,服务员一直面带微笑认真倾听,以示对他心情的理解等。在许多情况下,微笑的作用确实是千言万语无法取代的,如上述顾客投诉,工作人员若冷脸相对,甚至指责、争吵,后果可想而知,而微笑却如一缕春风,化解了与顾客的矛盾,也沟通了与顾客的感情。

微笑看似简单,但要恰到火候也不是轻而易举可以达到的。经常出现的毛病是:笑过了头,嘴咧得太大,给人一种傻乎乎的感觉;再有就是皮笑肉不笑,看上去让人觉得不舒服。要解决这些问题,纠正这些毛病,首要的是解决基本态度的问题。当代心理学根据最新研究成果已经找到了真笑和假笑的区别。如果你在交谈中能够以完全平等的态度对待对方,尊重对方的感情、人格和自尊心,那么你的微笑就是真诚的、美丽的,就具有强大的凝聚力和感染力。否则,你的微笑就是虚假的、丑陋的,你所能得到的也只能是逆反心理。所以,只有基本态度端正了,"皮笑肉不笑"的问题才能迎刃而解。其次,要注意掌握微笑的动作要领和方法。微笑时,口腔打开到不露或刚露齿缝的程度,嘴唇呈扁形,嘴角微微上翘。

当你第一次踏入社交场合,第一次与陌生异性交往,或是第一次走进办公室,微笑可以帮助你摆脱窘境。当你由于种种原因对于别人的请求不好拒绝时,这时边摇头边微笑,对方同样会理解。请人帮忙时,带着微笑,别人会加倍领受你的感激之情。心情郁闷时,微笑会解除你的烦恼;开心快乐时,微笑会令你更加愉快。

微笑表示我喜欢你,很高兴见到你,使我快乐的是你。微笑不需要花费什么,但却能得到意外的收获,使那些接受微笑的人获得心理满足。微笑创造出家庭和睦,增加人与人之间的感情,是疲倦者的温床,是悲哀者的阳光,更是医治心灵创伤的灵丹妙药。一个会心的微笑,不管何时何地都可以令对方产生亲切感,让对方主动放弃心理防线,创造良好的交往开端,有利于建立良好的人际关系,为开拓事业和新局面打好基础。

总之,只要你会运用微笑,真正地把上帝赋予人类的一项特权展示出来,不仅有助于缩短人与人之间的距离,同时也为你做人做事打开了通畅的大门。

用倾听获得对方好感

用心倾听能获得对方的好感,这是成功交际的秘诀。那些受人尊敬、正在成功的道路上阔步前进的女性们,她们都懂得倾听的重要性,知道倾听是对他人的一种尊重,是获得他人友谊的重要方法,因此,她们一般都不会忽略其他人的意见并剥夺对方的发言权。

通常,当我们碰到一个只顾自己高谈阔论、丝毫不考虑他人的感受,也不给他人留一点发言余地的女性时,我们一般都会采取缄口不言、充耳不闻或心不在焉的消极态度,暂时让我们的大脑关闭起来或自由自在地漫游,无论对方说对说错都当做耳边风。一些才华横溢的人往往容易自我感觉良好,喜欢在别人面前夸耀自己的才干或卖弄口才,顺应自己的说话冲动而剥夺别人说话的权利,这是令人十分厌恶、反感的做法。这样不管见解有多么高明,别人也会因反感其做法而置之不理,只落得自讨没趣。

一般女性都会觉得自己说比听别人说来得过瘾,因为我们都有表现自我、显示自我价值与存在的强烈欲望。一般来说,如果你碰到有人表现出非常喜欢听你谈话的样子,给你的欲望提供了满足的机会,就会因你的愿望得到满足而对他产生好感。同样,别人也会因你的倾听而对你产生好感。

倾听是一种美,是一种不易觉察的奉献精神。要想让别人成为自己的听众,自己应首先学会倾听,敞开自己的心扉。同时,应有最起码的保守他人秘密的道德,不要把知心话儿当做与他人闲聊时的谈资,否则你会伤害了别人的自尊,从而失去一份弥足珍贵的情感。

很多女人都很可爱,并不是因为她长得特别漂亮,也不是因为她十分诙谐健谈,其奥妙在于,当她听别人说话时,她的精神是那样专注,会使人觉得自己是世界上最风趣的人。一个出色的听者具有一种强大的感染力,使说话人感到了自己的重要,而不至于心灰意懒,欲言又止。

倾听是一种艺术,也是良好会话的基础。我们常习惯滔滔不绝地倾诉,却不会在安静中让自己的心保持平和,倾听他人的声音。学会倾听他人的谈话是善待他人的一种方式。

东京电话公司在几年前碰上了一个对电话接线员口吐恶言的最凶恶的用户,那个不讲理的用户拒绝支付任何费用,说那些费用是无中生有。

他写信给报社,还做了无数次的申诉,告了电话公司好几状。最后,电话公司派一个干练的调解员去会见他。调解员静静地听着他说,让那位暴躁的用户痛快地把他的不满全都倾吐了出来,还不断地对他表示同情。通过几次这样的接触,那位用户变得友善起来了。后来,这个用户取消了申诉。

无疑,那位用户实际上所要的是作为一个重要人物的感觉,当他从电话公司的代表那儿得到了重要人物的感觉后,无中生有的牢骚就化为乌有了。

专心倾注于对你说话的人是非常重要的,再也没有比这么做更礼貌的了。常发牢骚的人,甚至最不容易讨好的人,在一个有耐心和同情心的听者面前,也常常会软化而屈服下来。

只谈论自己,只想到自己的人,是一个很难成功的人,因为他不会倾听,很难与人沟通。作为一个好口才的女人,一定会懂得倾听的重要性。

第六章 >>> **眉目传情**
聪明女人要学会使用肢体语言

懂得倾听的技巧

如果你想颇有成效地与人交往,并且给人留下有修养、有风度的良好印象,那么请记住下面的一段忠告:在与人交往中,你必须了解别人在想什么,他们需要什么,他们是怎样的人。而我们所需要做的仅仅是:在交谈中倾听他们所说的一切。

从今天开始,避免这些习惯吧:

(1)目光不在讲话者身上,左顾右盼。

(2)不断地打断别人的讲话。

(3)心不在焉,手中在做其他的事。

(4)假装在听。

(5)消极、懒散的身体语言。

(6)过分强调与对方的不同观点而争执。

请这样去做吧:

(1)目光与讲话者对应。

(2)身体前倾,表示对谈话感兴趣、关注。

(3)运用头部动作,点头表示同意,摇头表示否认。

(4)运用语言"嗯"、"是"等表示你在倾听。

(5)要所答即所问,这是表示你在与人交流。

眼神在交际中的作用

眼神，是最富有表现力的体态语，能传递丰富的信息和情感。从交际功能看，眼睛是全身接受非语言交际行为最重要的组成部分，也可能是在可见范围内发出非语言交际信息的最重要部位。眼神可以传达出多种语言信息，它的运用也有一定的讲究。

首先，不同的目光可以传递不同的含义和信息，而接受信息一方可以通过观察眼神而了解所发出的信息。这主要取决于瞳孔的变化。一般说，瞳孔的扩大传达出正面的信息，如表示爱、欢喜或兴奋。相反，瞳孔的缩小则传递出负面的信息，如表示消极、戒备和愤怒等。研究表明，当某人极度兴奋激动时，他的瞳孔就会扩大到它正常大小的四倍多。反之，某种愤怒或消极的态度能使他的瞳孔缩小到人们称之为"蛇眼"的程度。卓有经验的经商者，可以根据对手对货物是否有兴趣，从而决定要价的高低。

其次，在口语交际中，目光还能起到组织、控制、启发、鼓励听众的作用，帮助有声语言制造一个有利的交际气氛。以领导主持会议为例：当领导走上讲台，未开口之前，先用目光扫视整个会场，这种扫视能起到组织和控制作用，到会者会立刻停止一切活动，进入听讲状态。会场出现冷场时，领导要善于用鼓励的目光，给准备发言者增添信心，踊跃站起来发言。会场纪律松懈，讲话者过多，领导投过去严厉的目光，并停留一会，可使讲话者自动收敛。所以，有经验的领导都善于用目光驾驭整个会场，使会场井然有序而生动活泼。

最后，眼神还有反映深层心理的作用。"眼睛是心灵的窗户"，眼睛的动作一向被认为是最明确的情感表现，但有些反映深层心理的眼神，却是要认真窥

第六章 >>> 眉目传情
聪明女人要学会使用肢体语言

测捉摸才能弄懂的。如在人际交往中,视线的有意回避,说明他是在掩饰什么或有所愧疚。交际的双方就要从特定的语境中猜测对方目光所能体现的心理。如在商业洽谈过程中,有些谈判者眼神闪烁不定,这反映出这些人精神上的不稳定或性格上的不诚实,与这种人洽谈业务时就要特别谨慎,以防上当受骗。所以,在人际沟通中,一方面,我们主张以坦诚的目光表达自己真挚的情感;另一方面,交际双方又要善于解读眼神的信息,从对方眼神中挖掘其深层心理,只有这样,才能运用眼神进行有效的沟通。

既然眼神在人际沟通中有如此重要的作用,那我们就要学会运用眼神。

第一,注意视线接触对方的时间。与人交谈时,视线接触对方脸部的时间应占全部谈话时间的30%~60%。超过这一平均值时,可被视为对谈话者本人比谈话内容更感兴趣;低于此平均值时,则表示对谈话内容和谈话者本人都不怎么感兴趣。故在谈话过程中,应掌握好这一时间度。

第二,注意视线停留的部位。从视线停留的部位反映出人际关系状态有三种:一是视线停留在两眼与胸部之间的三角形区域,这被称之为亲密注视;二是视线停留在双眼与嘴部之间的三角形区域,这为社交注视,是社交场合常见的视线交流位置;三是视线停留在对方前额的一个假定的三角形区域,为严肃注视,这种注视方式能造成严肃气氛,使对方感觉到你有正经事要谈,这样你本人就保持了主动。在人际沟通中,运用眼神要注意根据关系亲密程度来确定视线停留部位,也可以依据语境、场合来确定。如社交场合运用社交注视;领导找下属谈话,则运用严肃注视;朋友间的交谈,则使用亲密注视等。

第三,注意眼神变化。眼神的变化能准确传递某种信息。不同的视觉方向表达不同的含义,仰视表示思索,俯视表示忧伤,正视表示庄重,斜视表示蔑视等,不可随便使用。眼神的变化要自如协调,要与有声语言有机地配合在一起,不能只顾眼神,不顾其他或者两者分离。眼神变化要与其他的表情动作协调一致,成为一个有机的整体。眼神变化后,即完成了一个意思的表达,之后要马上恢复正常,否则就会产生形不达意的后果。

羞涩，最令人心动的表情

一朵娇羞的花朵是美丽的，一个充满娇羞的女人也是美丽的。羞涩之美是女性的专利，女性两颊随时充满红晕，那是特别的情韵。

羞涩，是人类文明进步的产物。任何动物，包括最接近人类的猩猩，是绝对不会害羞的，自然也就没有羞涩。羞涩是人类最天然、最纯真的感情现象，它是一种感到难为情、不好意思的心理活动，它往往伴随着甜蜜的惊慌、异常的心跳，外在就是青春羞涩的花朵。女人羞涩是一种美，是一种特有的魅力。

羞涩，是一种感情信号，常常是一种动情的外部表现，是被陌生环境、场面所触发的紧张情绪和被异性拨动了心弦的反应。有诗曰："姑娘，你那娇羞的脸使我动心，那两片绯红的云显示了你爱我的纯真。"可见，一张羞涩的脸，便是一首优美的诗。

羞涩，是女性独具的风韵和美色。诚然，男性也会有羞涩，然而更多更频繁的、更鲜艳迷人的羞涩，却总爱浮现在女人的脸上。男性羞涩往往显得狼狈可笑，而女性羞涩时的盈盈笑脸却被认为是天然合理的。如果女性缺少了羞涩，甚至会被看成是厚颜无耻。由此看来，羞涩应该说是属于女性的，特别是属于女人的，或可索性说此乃女性之特色。一提红颜，谁都知道指的是女人（特别是美貌女人）而不是男子，这"红"字显然不只是面部的青春红润，更重要的是与羞涩有直接关系。红色的羞涩象征着女性，但它往往稍纵即逝，所以，自古女子就学会了使用红色的胭脂，起到了羞涩常驻的效果，有助于保持和强调女性的特色。

的确，在世上所有的色彩中，女人的羞涩是最美的。

体姿，展现女人的优雅气质

女人的每一个姿势变化通常都反映了她的文明程度。比如，社会交往中，步伐矫健，轻松敏捷，能让人感到年轻、健康和精神焕发；步伐稳健，端正有力，给人以庄重、沉着和自信的印象；步履蹒跚，弯腰弓背，垂首无神，摇头晃膀，往往给人以丑陋庸俗、无知浅薄或是精神压抑的印象。又比如，交谈时高跷二郎腿，随心所欲地搔痒，习惯性地抖腿；或是将两手夹在大腿中间和垫在大腿下，或是撒开两腿呈现"大"字形，都是失礼而不雅观的，会给人留下缺乏教养、低俗轻浮、散漫不羁的不良印象。

体姿对女性整体形象的塑造有着很重要的作用。女人的体姿与相貌有同等的重要性，共同显示出女人的气质和风度。如果"站无站相"、"坐无坐相"，即使相貌再漂亮也会大打折扣。外表相貌是天生的，而体姿可以通过后天的训练向理想姿态转变。

体姿语由两部分组成。一是指说话双方的空间距离，二是指各种不同的身体姿势。体姿语运用的总体要求是准确、适度、自然、得体、和谐、统一。

第一，准确、适度。所谓的准确、适度，就是要根据说话内容、说话环境、说话对象、说话目的的需要，准确恰当地运用。

第二，自然、得体。就是要求体姿语的运用不故作姿态，要适合自己的身份和交际场合。无论是从审美的角度，还是从表达功能的角度，体姿语的运用都要自然、得体，做到既符合审美的原则，给人以美感，又符合特定的情况。

第三，和谐、统一。这包括两个方面：一是体姿语言和有声语言的配合统一,才能准确地表达自己的思想感情和愿望,否则,就不能收到既定的效果。二是各种体姿语言要求一致而协调。

"坐如钟,站如松,行如风",这是古人提出的姿势范式。在社会交际中,对姿势的基本要求是:秀雅合适,端庄稳重,自然得体,优美大方。具体地说,对各种姿势有以下要求:

1. 稳重的坐姿

在各种场合,都要力求做到"坐如钟",即坐得端正、稳重、温文尔雅。这是坐姿的最基本要求。

入座时,应轻、缓、稳,动作协调柔和,神态从容自若。人应走到椅子前,转身背对椅子平稳坐下,若离椅子较远,可用右脚向后移半步落座。若穿裙子则应注意收好裙脚。一般应从椅子左边入座,起身时也应从椅子左边站立,这是一种礼貌。如要挪动椅子的位置,应当先把椅子移到欲就座处,然后坐下去。坐在椅子上移动位置,是有违社交礼仪的。

落座后,应双目平视,嘴唇微闭,面带微笑,挺胸收腹,腰部挺起,重心垂直向下,双肩平正放松,上身微向前倾,手自然放在双膝上,双膝要并拢,亦可双脚一脚稍前,一脚稍后,两臂曲放在桌子上或沙发两侧的扶手上,掌心向下。坐椅子时,一般只坐满2/3,脊背轻靠椅背。端坐时间过长,可以将身体略微倾斜,头面向主人,双腿交叉,足部重叠,脚尖朝下,斜放一侧,双手互叠或互握,放在膝上。若是着西装裙的女子,最好不要交叉两脚,而是并靠两脚,向左或向右一方稍倾斜放置。起立时,右脚先向后收半步,然后站起。

2. 端正的立姿

在各种场合,都要力求做到"站如松",即站得端正、挺拔、优美、典雅。这是立姿的最基本要求。

站立时,应头正颈直,双眼平视,嘴唇微闭,下颌微收,挺胸直腰,上体自然挺拔,双肩保持水平,两臂自然下垂,手指并拢自然微屈,双手中指压裤缝,腿膝伸直,脚跟并拢,两脚尖张开夹角45°,身体重心在两足中间脚弓前端位置,双脚呈倒"八"字站立。

站立后,竖看要有直立感,即以鼻子为中线的人体应大体成直线;横看要有开阔感,即肢体及身段应给人以舒展的感觉;侧看要有垂直感,即从耳与颈相接处至脚的踝骨前侧亦应大体成直线,给人一种庄重大方,亲切有礼,秀雅优美,亭亭玉立的美感。

3. 优雅的走姿

在各种场合,都要力求做到"行如风",即行得正确、优雅、轻盈,有节奏感。这是走姿的最基本要求。

行走时,应昂首挺胸,收腹直腰,两眼平视,肩平不摇,双臂自然前后摆动,脚尖微向外或向正前方伸出,行走时脚跟成一条直线。起步时身体微向前倾,身体重量落于前脚掌,行走中身体的重心要随着移动的脚步不断向前过渡,不要让重心停留在后脚,并注意在前脚着地和后脚离地时伸直膝部;迈出每一步都应从胸膛开始向前移动,而不是腿独自伸向前。步履应轻捷、娴雅、飘逸,步伐略小,展示出温柔、娇巧的阴柔之美。还应注意,现代女性穿高跟鞋,主要目的不仅在于增加身高,而且在于能收腹挺胸,显示自身走路的动人的身姿和曲线美;而步态高度艺术化的时装模特儿,与其说是展示千姿百态的时装,不如说是在显露高雅美妙的走姿。

女性的形体在运动中构成种种姿势,良好的姿势形成优美的仪态。英国哲学家培根认为:相貌的美高于色泽的美,而秀雅合适的动作的美,又高于相貌的美,这是美的精华。秀雅合适的姿势在社会交际中起着十分重要的作用。因此,女性应当注意体姿的端正培养。

第七章

气质动人，聪明女人要修炼处世资本

善于原谅别人，才可使心灵得到解脱
做个气质女人
内在美永远重于外在美
自信的女人最美丽
优雅是女性独有的芬芳
让自己成为可以信赖的人
对人热情要有度
温柔是女性的伟大力量

善于原谅别人,才可使心灵得到解脱

原谅别人,是对待自己的最好方式。因为释放了自己,才能有健康自由的心态,也才能获得更多的幸福。

春秋时期的管仲和鲍叔牙是一对好朋友,他们两个人合伙做过买卖,共同谋过事,一起打过仗。后来,他们两人都在齐桓公手下当大官。

管仲年少时家庭穷困,曾经和鲍叔牙合伙做生意,赚了钱,他分给自己的多,分给鲍叔牙的少。鲍叔牙根本不与之计较,也不认为管仲贪财。此后管仲多次为鲍叔牙出谋划策办事情,但"谋事在人,成事在天",每次事情都办得十分糟糕,鲍叔牙并不因此认为他是愚笨之徒。事实清楚地证明了这段友谊的结果:在管仲落难之时,又是鲍叔牙力荐管仲为相,使管仲成就了大业。

朋友所犯的错误有时候会给你带来一定的损害,或在某种程度上与你有关。在这种情况下,能否用一种宽容的态度对待这种"过",就是衡量人的素质的一个标准。原谅别人是一种美德,有时尽管自己心里并不痛快,但却应该设身处地地为朋友着想,考虑一下自己如果在他那个位置会如何做,做错了事之后又有何种想法。

其实只要你愿意做,你的风度会赢得对方对你的尊敬,因为你给他面子了嘛!如果他还是高姿态,那是他的事。不过要化解僵局还需看场合和时

第七章 >>> 气质动人
聪明女人要修炼处世资本

机,也就是说总得要有个借口,让相逢一笑也自然! 当然,这里需要容的是朋友本人,对于事情本身则应该讲清楚,该严格起来绝不手软。

一位台湾作家曾给我们讲述了这样一个故事:

有一个妇人,平时温文有礼,也很懂得持家,常常一大早就在家门口洗衣服,但她有一个不定时发作的毛病:发疯。

她可以黄昏时拿把菜刀、棍子在家门口破口大骂;也可以一大早就如此。刚开始,人们以为那是谁家的广播剧,后来才知道,是这位妇人在发泄情绪。

她最常骂的是:"我不甘心";"你这疯人,总有一天有报应";"你去给车撞死";"你怎可以骗我"……

妇人曾被信任的朋友骗过,向她借钱,借了之后人家就跑了,妇人初期是不能接受,但也算平静,十多年后就成了如今模样。十多年来她不能原谅朋友,将怨气积在心中,将自己积出病来。

有人给宽恕作了一个十分美的比喻,他说:"一只脚踩扁了紫罗兰,它却把香味留在那脚跟上,这就是宽恕。"我们常常在自己的脑子里预设了一些规定以为别人应该有什么样的行为,如果对方违反规定就会引起我们的怨恨。其实,因为别人对我们的规定置之不理,就感到怨恨,是一件十分可笑的事。大多数人都一直以为,只要我们不原谅对方,就可以让对方得到一些教训,也就是说:"只要我不原谅你,你就没有好日子过。"而实际上,不原谅别人,表面上是那人不好,其实真正倒霉的人却是我们自己,一肚子窝囊气不说,甚至连睡都睡不好,没多久就会积出病来。

聪明的女人不是没有烦恼,而是她们善于原谅别人的错误。无论怎样,事情已经发生了。如果你不想自己陷入痛苦的深渊就要原谅别人,只有原谅了别人,你才能再次握住幸福的手。

做个气质女人

气质女人最有女人味,其最大的特点是具有深厚的文化修养和面对是非所保持的风轻云淡的坦然心境。所以做一个气质女人成了女人心底最渴望的秘密。也许你以为要做个气质女人何其难,但是只要你稍微用点心计就能轻轻松松做个气质女人。

1. 打扮自己

气质好的女性绝对是懂得打扮自己的女性,因此,从头发的样式、护肤品的选用、服饰的搭配到鞋子的颜色,无一不需要细心地面对。从头到脚的细致,当然是需要花很多的时间和心思的,因此,要想做气质女人就必须从做细致的女人开始。可别小看了细致,也许仅仅因为指甲油的颜色不合适也会导致前功尽弃。

男人们说过,对一张细致的脸说话要比对一张粗糙的脸说话要耐心得多。尽管男人说出这样的话使大多数女性不满,但这又确实是不争的事实。因此,女性的脸部呵护是极为重要的。护肤品的选购和应用绝对不能偷懒,因为它关系到女性的面子工程。

打扮自己不单是一种美化自身的行为,也是净化心灵的一种极重要的方式,同时,对减压也有一定的效果。因此,气质女人的第一要点是忙中偷闲的生活方式。

但应注意,贵气的打扮要点在于精致中不露痕迹。装饰一定要恰到好处、点到为止,千万不可弄得一身矫揉造作之气。

2. 品味自我

聪明的女人一定是懂得自我欣赏的女人,自我欣赏绝不是自恋,它是由理智、客观地对自己的认识引发出来的自信。而这种自信心会使女人在为人处世上从容、大度，不陷入世俗的旋涡中。

得体的装扮，优雅的举止，丰富的见识，这些无一不透出女人高贵的气质和个人魅力。能正确自我欣赏的女人，大多受过良好的教育，聪明灵慧，她们出类拔萃，既不会盲目自卑，更不会盲目自大。

懂得自我欣赏的女人光彩照人，落落大方，但灿烂的笑里仍有一股凛然高贵的气息，让男人们仰慕的同时又有些敬畏。

3. 充实自己

现代社会中，受过高等教育的女人越来越多，但受过几年的高等教育不等于可以吃一辈子老底。随着社会的不断发展，社会知识更新越来越快，女人应当及时加强摄取营养，否则很快就会变成一个营养不良的女人。

摄取营养的方式多种多样，不只是单纯地看书、学习，还可以上网浏览、交流，欣赏一部出色的好电影，经常翻阅一些出色的时尚杂志，学学电脑和英文。只有不断加强营养，贵气女人才能在炫丽的生活中游刃有余，潇洒自如，生活也将因此更加丰富多彩。

给聪明女人的忠告：只能让"营养"丰富你的气质，切不可成为一个学究派的古板女人，那样会让男人望而却步的。

内在美永远重于外在美

在生活中每个女人都可能有过这样的想法：假如能青春长驻该多好！我们当然可以利用一些现代化的技术和设备来延缓衰老。也许有一天真的可以像电影中的女主角一样长生不老，永远年轻漂亮，但这只是我们的容颜,而不是我们的思想。

很多时候,外表的美丑并不代表一切。长得美虽然可以给人留下深刻的第一印象,但是如果一个人仅有美貌,却脑袋空空,别人在和她经过一段时日的交往之后就会觉得无趣。而有些女性虽然并非美女,但却非常吸引男性,因为她们谈吐优雅、举止端庄,具有敏锐的观察力、良好的人际关系,温柔、体贴等等。这些魅力与容貌无关,但产生的影响却远胜过美丽的外表。

尽管岁月会在女人的脸上刻下一道道皱纹;同时,它也会使女人成熟,别具风韵。最终令一个女人闪耀的还是她的思想,而不是她的容貌,有思想的女人才是一朵常开不败的花。花艳固然好,花香更让人回味无穷。那些伟大的女科学家、女文学家、女政治家,她们并没有花容月貌,同样受到世人景仰,因为她们思想的利剑、智慧的光芒在提升自己的同时也普照了别人。外貌毕竟是外包装,当被岁月剥蚀后,显露出的学识、修养、能力、道德观、人生观才是真正的自我、真正的内涵,也是得到人们尊重的必要条件。

国际名模姜培琳从原本一个学运动心理学的幼儿园老师到成为世界知名模特,仅用了短短三年的时间。在1999年至2001年中她分别获得了1999年上海国际模特大赛亚军和2000年中国十大名模排名第一的荣誉,继2001年后,她再接再厉,荣获2002年中国国际时装周最佳职业模特冠军。

谈到自己的这一系列荣誉,她并没有否定机遇和美貌的作用,"但是,这并不是全部。在模特圈拥有美貌的人太多了,而且现在评价美的标准也不一样。我的成绩一半是因为我认真"。但令姜培琳最开心的并不是这些成就,而是能够顺利地考上北京师范大学心理学的研究生,继续学习。用媒体的话说:"学习使她受益匪浅,正是因为内心的充实,才会让姜培琳看起来具有另一种耀眼的光彩。"

在现实生活中,有相当数量的人只注意穿着打扮,并不怎么注意自己的气质是否给人以愉悦的感受。诚然,美丽的容貌、时髦的服饰、精心的打扮,都能给人以美感。但是这种外表的美总是肤浅而短暂的,如同天上的流云,转瞬即逝。而气质给人的美感是不受年纪、服饰和打扮局限的。一个人的真正魅力主要在于特有的气质,这种气质对同性和异性都有吸引力,这是一种内在的人格魅力。

自信的女人最美丽

"自信是女人最好的装饰品。一个没有信心,没有希望的女人,就算她长得不难看,也绝不会有那令人心动的吸引力。"这是著名小说家古龙所说的一句话。这句话很生动地说明了自信对女人的重要性。

自信,让女人神采飞扬,令普通的装束平添韵味;自信让女人的气质更加优雅,使出色的自己更加光彩夺目。

自信,源自对自己现状的肯定。现实生活中没有完美的人,我们只是在不断追求完美。所以,不要再为上天的吝啬而大伤脑筋了,整体形象的优雅比任何局部的美都重要。

自信,是一种精神状态。它使人的内心充满睿智,形象雍容典雅、光彩照人。正所谓水因有龙而灵,山因有仙而名,女人因有自信而优雅,因优雅而美丽。

自信的女人从容大度,挥洒自如,顾盼之间显现着安静、祥和、坚定的光芒。对于那些事业有成的女科学家、女企业家、女作家以及在舞台荧幕上耀眼的女明星们来说,自信使她们更美丽、更迷人、更具魅力。

相信自己,坦然面对现实,自然流露优雅。那么,想不倾倒众生都是不可能的。

如果想做一个自信的女人,可以按以下方法去做:

(1)相信生活垂青于自信者。

(2)面对自己的恐惧。

(3)只允许那些积极的想法在脑海中存在。

(4)列出自己的优势,并相信这是你的财富。

(5)只穿让你自信的服装。

(6)不要自我贬低,不要说不利于自己能力的话,不要过分的谦虚。

(7)坦然地接受别人的赞扬。

(8)眼睛能与别人直视。

做个自信的女人吧,把优雅刻在心底,成就完美人格。

优雅是女性独有的芬芳

女人的优雅是什么?是不经意间一种淡定的沉思,蓦然间一个善意的眼神,回首时一脸的笑容。

女人的优雅是一种由内而外散发的迷人味道,举手投足间显露着成熟女人曼妙的气息。优雅不是先天的,它是游离于人体表面的一种气息。自信的女人常常带给人一种知性的美,这是后天的塑就,更是优雅的源泉。优雅的女人有着共同的品质,那就是善良。有一颗善良的心,有一个良好的修养,这是一个优雅女人最应具备的素养。

优雅是一种内在气质,优雅是一种风度,也是一个人独特的风格。也许带有遗传基因的因素,但更重要的是来自后天的修为。靠阅读和培养,靠不断地领悟和思考,更由生活的态度所决定。

一个优雅的女人,心静如水,弹指间尽是芳华,这是岁月的磨砺孕育出的由内及外的气质。就如《花样年华》中的张曼玉,有一点妖娆,有一点含蓄,安静得如同处子,回环往复的是一颗优雅的心。她着一身曼妙的旗袍,

第七章 >>> 气质动人
聪明女人要修炼处世资本

迈着轻盈的步伐,在巷口留一个修长的背影,在昏黄街灯下迷离着一双透彻迷茫的眼……张曼玉的略显风尘而成熟的韵味,在王家卫的手下被塑造成一道别样的风景。

得体的服饰搭配、淡雅清新的妆容,都是一个优雅女人必备的。优雅的女人不去追求时尚,她制造时尚,连设计师都常常要从她们的衣着风格上汲取灵感。

优雅的女人,可以没有惊艳的容貌,但不能没有清新淡雅的妆容;可以没有模特的形体,但不能没有匀称的身材;可以没有优越家境的熏陶,但绝对不能没有闲适恬淡的处世态度,不能没有忍耐、理解和宽容。

优雅的女人懂得品位生活,懂得把平淡如水的生活调剂得富有生趣。

优雅不是指外形漂亮、衣着华贵,它是一个人内在文化素养与外在表象的完美结合。优雅也不是不食人间烟火,它具有人性的所有温暖,同时也充分显现了人性的脆弱。

优雅的女人,懂得如何表现自己,成熟、优秀、文雅、娴静,各种气质与品味都可以在举手投足间得到最好的体现。优雅的女人是同类中的尤物,让女人们心仪,让男人们欣赏。

女人拥有了优雅,就是一个成功的女人,因为优雅是女性独有的芬芳。

让自己成为可以信赖的人

女人在成就事业的过程中,在与人交往的过程中,在打造自己的交际圈时,有一点必须十分注意,那就是一定要增加别人对你的信任度。别人增加对你的信任度,其实就等于增加了你成就事业的砝码。

平时,一提到人际关系,很多人就会想起社会上一些所谓的哥们儿整日里在一起吃吃喝喝、吹吹拍拍的事情；也可能想到在一起做生意，生意赚了两人在灯光下分钱的情景；或者，想到人们之间的互相利用等等。这些当然是人际关系的一个组成部分，但是，在人与人的关系中，最重要的并不是金钱、利益，也不是吃吃喝喝，而是人与人之间的信赖。

只要人与人之间有了信赖，即使你犯了错误，也可以得到别人的谅解；有了信赖，即使你拙于言辞，也不至于得罪别人，因为对方起码不会误解你的用意。所以，人与人之间，信赖可以带来轻松、直接有效的沟通。

那么，怎样去做别人才会对我们产生信赖呢？

1. 了解别人

人与人之间的矛盾，很多是由于人与人之间不了解、缺乏沟通造成的。女人在这方面尤其突出。所以，认识、了解别人，是一切情感的基础。人是世界上最复杂的动物，表面上看起来，大家大同小异，但你一旦深入地了解，人与人之间的差距其实是惊人的。同一种行为，放在张三身上就可以增进情感的交流，而换到了李四那里，效果有可能完全相反。因此，唯有多了解并真心接纳对方的好恶，才可增进彼此的关系。

我们一般人总是喜欢以己之心度他人之腹，以为自己的好恶与需要，同时也是别人的好恶与需要。我们在处理人际关系时，若以这个为出发点，一旦得不到良好的回应，就会武断地认为别人不知好歹，从此不再付出。这其实是大错特错了。古人云：己所不欲，勿施于人。反过来看，似乎自己喜欢的便可随意给别人，其实，这话的真谛在于，要想被别人了解和尊重，就得先了解、尊重别人。

2. 注意一些生活小节

有句俗话叫"熟不拘礼"，其实，这是一种错误的观点。尽管熟人之间的礼节不像刚认识时的礼节多，但如果一点礼节都不讲，也会使熟人变"生"的。一些看似无关紧要的小事，如果因为礼节的疏忽，不经意的失言，无意

第七章 >>> 气质动人
聪明女人要修炼处世资本

当中对彼此的挫伤,都会使我们感情账户上的存款减少许多。在人际关系中,最重要的其实都是小事,朋友之间有多少事情跟国际国内的局势有关?更何况,对于要成就事业的女人来说,小节更为重要,否则,怎么能有"细节决定命运"这句名言呢!

人的内心其实是十分脆弱、敏感的,不管是男女老少,也不论贫富贵贱,即使他的外表很坚强,他的内心仍有着细腻脆弱的情感世界。如此细腻脆弱的情感世界需要我们从一点点小事做起,小心呵护。

3. 信守承诺

对于一个要成就事业的女人来说,守信是一大笔收入,背信则是庞大的支出,代价往往是超出其他任何过失。一次严重的失信会使你的信誉扫地,再难建立起良好的人际关系。我们可能听说过曾子杀猪的故事,所以,即使是做父母的,也得要求自己不要轻易对子女许诺。如果不得不如此,事先也一定要考虑所有可能发生的变化,尽可能地避免食言。只有守信才能赢得子女的信赖;唯有信赖,才能使子女在关键时刻听从你的意见。如果偶尔由于无法控制的意外,你无法及时兑现你的承诺,在事后也要说明原委,请对方允许你收回自己的承诺。

4. 阐明期望

几乎所有人际关系上的问题,都源于彼此对角色与目标的认识不清。所以,不论是在办公室交代工作,还是在家中向子女分配家务,都要越明确越好,以免产生误会、失望与猜疑。

坦然面对问题有时的确需要女人有相当的勇气,一味地逃避问题,但愿船到桥头自然直,这样的确最为理想,但就长远来看,一开始谨慎面对总胜过事后追悔莫及。

5. 诚恳正直

诚恳正直可以赢得信任,否则,已有的友谊与信任也会因为虚伪和欺骗而丧失殆尽。人后不道短,这是诚恳正直的最佳表现,在人后依然保持着尊重之心,可以赢得别人的信任。假如你有和同事背后攻击上司的习惯,你怎能保证你和那位同事的友谊能天长地久？如果你们的友谊破裂,他也会怀疑你在背后对他说三道四。所以,即使对上司有所不满,你也可以尝试着当面以委婉的语言把问题说清楚。所谓日久见人心,只要你正直诚恳,你的上司总会信任你的。

6. 勇于道歉

人不可能不犯错误,有了错误诚恳地向别人道歉——不管是对你的上司还是你的属下。这种勇气并非人人都具备,只有坚定的人能够如此。缺乏自信的人唯恐道歉会使自己显得软弱,使自己受到伤害,还担心别人会得寸进尺,所以还不如把错误归咎于别人。其实,这种表现恰恰是软弱的表现。

7. 无私地去爱

无私的爱可以给予别人以安全感与自信心,鼓励个人肯定自我,求得成功。由于这种爱不附带有任何附加条件,没有任何的牵绊,被爱者会以自己的特有方式,体验到人生最为美好的境界,从而激发出更大的潜能。不过,无条件的爱并不表示软弱,我们依然要有原则,有限度,有是非观念,只要无损于爱心。

如果上面的几方面都能够做到,你肯定会是一个别人信赖的女人,也是一个能够成就事业的聪明女人。

对人热情要有度

中国人天性热情,提倡关心他人。待人热情固然很好,但如果没了分寸,那就过犹不及了。

与中国人的热情不同,外国人大都强调个性独立,所以不要把中国式的善意的关心施之于外国人,否则就会出力不讨好。

例如:你问外国朋友:"吃饭没有?"他会曲解为你嘲讽他连饭都没得吃。你同他打招呼:"上哪儿去?"他会怪你多管闲事。你见他天冷时穿得太少了,便建议他:"该多穿几件衣服了。"你显然是好意,他却会认为你粗暴地干涉了他的个人自由。有一位英国女士在中国待了三年,汉语说得不错。有一位中国朋友,热情邀请她去自家做客,英国女士答应了。进了门后,中国朋友又是拿水果,又是倒茶的,并让自己的母亲陪客人聊天,她就进厨房炒菜去了。老太太也很热情,亲热地拉着手问:"姑娘,你多大了?"英国女士愣了一下,勉强回答说自己生于上世纪七十年代。老太太一算,继续问:"那你三十多了吧?结婚了吗?"这位女士面带不悦地回答没有!老太太一拍巴掌:"那哪行啊?再不结婚就太晚了,赶紧找一个。咦?你是不是有什么难言之隐啊!"英国女士再也坐不住了,她站起来涨红了脸说:"我的身体很健康,结不结婚我也有选择的自由。对不起,我还有事先走了,麻烦您转告您女儿吧!"说完就走了。老太太目瞪口呆地坐在那里:"这外国人怎么这么急呢!"

生活中,很多外国人都对中国人的热情大呼"吃不消",他们认为过分的热情侵犯到了他们的隐私。所以如果和外国人交往的话,不妨谈谈天气美食,太过热情的关心就不必要了。

中国人讲究待人接物既要诚恳热情,又应当合乎彼此的身份和关系,符合礼仪规范。如果一味只顾热情友好,而不顾礼的适度,就是所谓"热情越位"。热情越位与不够热情同样有害。热情越位会被人视为失礼和没有教养的表现。

例如,与初交或交情不深的异性谈话,不应询问其婚姻状况,或是大谈特谈对方比自己的伴侣强多了。要是刚认识一位年近30还未成家的女士,马上就问人家为什么还不结婚,甚至毛遂自荐要为对方当红娘,显然欠妥。

与业务伙伴谈判或是聚餐时,一位异性突然起身往外走,很可能是想去方便一下。有时对方可能还会给自己找个借口,比如说"出去打个电话"之类。此刻有教养的人是不会问对方此行何去的,更不会要求陪对方去打电话。

刚上班不久的小王请师傅来家做客。小王与师傅交谈时,母亲已经准备好饭菜,师傅再三推辞,但抵不住小王全家热情的,甚至有些强硬的挽留,只好同意共进午餐。小王对师傅说:"来,洗洗手,摘下帽子,咱俩喝点酒。"小王发现师傅没有摘掉帽子,便热情地说:"屋里有暖气,不冷,不用戴帽子,快摘了!"师傅连声说:"好,好,先喝酒,先喝酒。"小王着急了:"喝酒更热,出了汗到外面该着凉了!"见师傅不加理会,小王便站了起来说:"我帮你摘!"没容师傅反应,小王已经把那顶工人帽摘下来,霎时,全家都愣住了,原来师傅头上光光的,没有一根头发。小王拿帽的手停在空中,但只一秒钟,又迅速地把帽子戴到了师傅头上,一切都发生的那样快,小王和师傅都尴尬得不知所措。

热情过度使人感觉失礼、冒失,没有教养,动机和效果往往相反。比如在宴会上相互敬酒表示友好,但如果过分热情,硬让不会喝酒的人喝酒甚至过量喝酒,就会失言失态,从而破坏宴会的气氛,也使客人的身心受到伤害。

小张曾到一位朋友家做客,朋友很热情,准备了丰盛的菜肴。他很感激主人的好客,可是其中一道菜是他平生最不喜欢吃的,而主人却一定要他品

第七章 >>> 气质动人
聪明女人要修炼处世资本

尝其手艺如何,说这是她最拿手的。不吃吧,主人的盛情难却,且菜已进了自己的盘中,吃吧,的确又难以下咽。最后为不使主人失望,硬着头皮把它吞下。饭吃完,主人又提议去歌厅玩。到了歌厅,主人热情地为小张等点了她自认为会唱的歌,弄得大家拿着麦克风,不是跟不上节拍,就是唱走调了,最后玩得热闹,但感觉并不舒服。

有人天生热情好客,把慢待朋友视为不够朋友。按说这种人的真诚应最能获得朋友的好感,可事实却恰恰相反。凡受过这种人热情款待过的朋友,或多或少都会被他的热情灼得不甚好受。人与人之间都有个交际距离,热情也应维持在一个限度内。待人过于热情的人,实际上是在过于强硬地拉近双方的距离,这样做难免会引起对方的不悦。

温柔是女性的伟大力量

造物主用了最和谐的美学原则来创造人类,它赋予了男性阳刚之美,又赋予女性阴柔之美,正因为两性之间各有其独特形态而形成鲜明对比,才使男女对立统一地组成了人类绝妙完美的世界。

阴柔之美是女性美的最基本特征,其核心就是温柔。温柔像春风细雨,像娇莺啼柳,像舒卷的云,像皎洁的月,更像荡漾的水。女性之美,美就美在"似水柔情"。

用水之柔性来形容女性的温柔之美,是再恰当不过的了。《红楼梦》中的贾宝玉说过:"女儿是水做的骨肉。"所以人见了便觉得清爽。他把大观园里的姐妹丫环们,都看得像清澈的水一样照人心目,一个个都显得高洁纯真、温柔娇嫩。在他的面前,这些女性展现了一个有如水晶一般明净的世界。美人如水,女性有点似水柔情,才有女性味道。

可见，女性的诱人之处，正在于有似水的柔情，正在于温柔。世上绝不会有哪个男人喜欢女性的野、蛮、泼、悍、俗、粗。女性的似水柔情，对男性来说是一种迷人的美，也有一种可以征服的力量。一位诗人说："女性向男性进攻，'温柔'往往是最有效的常规武器。"女性的温柔应表现在：善解人意，忍让宽容，恭敬谦和，温文尔雅。不仅有纤细、温顺、含蓄等方面的表现，也有缠绵、热烈、深沉、纯情等方面的流露。有的女人无限温存，像母鹿一般温柔；有的女性像潺潺的泉水，通体内外都充满着柔情……总之，女性的柔情各式各样，都像绚烂的鲜花，醉人心肺、沁人心脾。

女性的温柔源于女性性格的修养，修养好的女性，温柔的表现也令人倍感亲切，为此，女性特别要忌怒、忌狂，要讲究语言美，把那些影响柔情发挥的不良性情彻底克服掉，让温柔的鲜花为女性的魅力而怒放。但是女性的温柔，不是柔软、柔顺、柔弱，丧失自己独立的人格和独立的个性也绝非女性之美德，而是一种耻辱。女性之温柔，是柔中有刚、柔韧有度，所以才柔媚可人。柔情似水，是女性诱人的魅力，也是一种征服他人的巨大力量。

女性失去了温柔，被称为是"女性最大的悲哀"。可见，温柔对一个女性来说，是一种诱人之美，是一种高尚的力量。

八面玲珑，聪明女人要掌握处世技巧

信任丈夫使家庭更幸福
爱屋及乌，让婚姻更美满
替上司为自己找升职的理由
与同事相处融洽的秘诀
轻松应对职场复杂的人际关系
爱心让你拥有好人缘
助人就是助己
善于倾听朋友的忠告
与朋友相处有道，友谊方可地久天长

信任丈夫使家庭更幸福

发现丈夫有了外遇,做妻子的首先要信任丈夫,这也是对自己有信心的表现。夫妻之间相互信任是不可缺少的一种美德,同时也是维持双方良好情感的前提条件之一,而猜疑只会增加彼此的隔阂。如果不分青红皂白,做妻子的一味地猜疑、指责丈夫,反而容易把丈夫推向别人的怀抱。

但是,也不能对丈夫和异性的交往过于粗心大意,要学会帮助丈夫把握好交往的尺度。有时夫妻两地分居或经常分离,也容易给人以可乘之机。

小刘是一家大报的记者,事业心比较强,经常要出去采访,回到家里又忙着家务和工作,和丈夫的交流有所减少。

有一天,小刘没出差,难得一家人都在一起度周末。儿子忽然问:"妈妈,怎么你在家里,张阿姨就不来玩了?"

小刘问丈夫:"张阿姨是谁?"

"是我们单位刚分来的大学生。"丈夫不好意思,脸有点红。

小刘没有再追问了,只是哄着儿子说:"下次我们请张阿姨来玩,好吗?"

小刘想想自己对丈夫如此信赖,可他竟……思前想后,心里很难受。真想和丈夫大吵一顿,或者离婚算了。

过了一会,小刘冷静多了,认识到自己经常在外,对儿子和丈夫照顾很不够,何况自己并不能肯定丈夫和小张的关系。如果不分青红皂白地和丈

第八章 >>> 八面玲珑
聪明女人要掌握处世技巧

夫闹,倒显得自己没理了。

晚饭,她没让保姆做,自己麻利地弄了几个丈夫最爱吃的菜。

晚上,她把孩子哄睡了之后,依着丈夫靠在床上,轻轻地说:"我经常外出采访,让你一个人在家带孩子,实在太难为你了。我不在时你肯定好寂寞,就像我孤零零一个人睡在旅馆里一样。现在我靠在你身上才觉得好踏实,没有你的支持,我的工作一天也做不好。"

丈夫一声不吭,怜爱地抚摸着小刘的头。

小刘轻轻问:"我们周末一起请她来吃晚饭好吗?"

丈夫面有难色。

"你还不放心我吗,我不会让你为难的,更不会为难她。"

周末,小刘又一次亲自下厨。小张来了,小刘热情地款待了她。临走时,小刘特地让丈夫看孩子,自己独自一人把小张送下楼,拉着她的手说:"怪我自己太工作狂了,对小周(小刘的丈夫)缺乏照顾,谢谢你常来带我们宝宝玩,也帮着照顾小周。看你这样温柔可爱,不知道哪个小伙会有福气娶到你。好了,不远送你啦,有空欢迎常来玩。"一席话让小张又是感激又是惭愧。

后来,小张找了个帅气的男友,他们与小刘夫妇成了好朋友。

小刘面对丈夫和小张的暧昧关系,没有失去理智,大吵大闹,而是给双方都留了面子。

面对丈夫,小刘以情动人,首先向丈夫道歉:自己工作太忙,没有尽到妻子和母亲的责任。同时也表白:自己出差在外也很辛苦、寂寞,很思念家。

面对小张的一番话,绵里藏针,既热情又礼貌,同时也暗示对方,自己的丈夫是有家之人,让对方把握好交往的尺度。

爱屋及乌，让婚姻更美满

家人关系的和谐是幸福的最基本保障，其中最不好处理的关系当属婆媳关系了。要想维护幸福的家庭，做儿媳的就要费点心思与婆婆大人搞好关系，和睦相处。

时下没过门的女孩子经常问小伙子一个问题，以试他对自己是否有真心，自己过门以后会不会受婆婆的气。这个问题就是：如果我和你妈同时落入水中，都不会游泳，你先救哪一位？憨厚的小伙子往往回答说两个人都救，再追问下去就一声不吭了。女孩子当然不会满意。脑筋灵活一点儿的小伙子会说：当然先救你啦。其实，只有小伙子心里明白这种情况发生的可能性有多小。女孩子虽然脸上高兴，心里却也明白这只不过是善意的谎言罢了。

对于一个男人来说，他的前半生同母亲相依为命，后半生同妻子同甘共苦，这两者之间怎样选择才好呢？而这两个女人同一个男人一生的亲密关系恰恰是这两个女人的对立关系。在诸多不良的人际关系中，大多数的形成都是由于后天处理不当。而唯独婆媳关系从基础上讲，似乎天生就是一对水火不相容的关系。否则，女孩子还没出嫁怎么就问出这么一个我与婆婆有我没她，有她没我的问题呢？

在现实生活中，由于不能协调好同婆婆的关系，使得夫妻和睦的关系平添烦恼，甚至毁掉两个人辛辛苦苦地垒起的爱巢的例子是屡见不鲜的。

有一位幼儿园教师结婚十年了，夫妻感情很好，丈夫对她特别体贴照顾。只是因为丈夫"她是我妈我不能顶嘴"的信条，两人经常吵架。时间长了,两人都觉得生活没意思。

另外,有一位妻子几次撞见丈夫背着她给婆婆钱。她非常气愤,认为给婆婆钱应该跟自己商量,总是这么背着给钱还不如分开算了;而丈夫认为母亲替自己照顾孩子,给点钱是应该的,背着妻子给钱是为了她眼不见心不烦而已。为此事丈夫还警告过她:如果老为这种小事争吵,两人早晚得分开。

还有一位已经年近不惑之年的妻子,跟婆婆共同生活了12年,由于婆婆爱在家人中间挑拨是非,给她的心理造成了极大的压力,身体也越来越坏,以至胃、肾、心脏都有毛病。最后这位妻子的处境恐怕最糟糕了,她的婚姻已到了崩溃的边缘。她原来住在婆婆家,有了孩子以后,因为需要母亲帮助照顾,每星期回娘家住三天。每次再回到婆婆家,婆婆就抱怨她们费水费电,经常为此闹得不愉快,以至关系越来越僵。后来干脆闹离婚,去了法院。法院认为夫妻两人的感情没有破裂,一些家庭琐事不足以构成离婚,驳回了起诉。婚离不成,婆婆又不接纳她回去。孩子有病住院,往婆婆家打电话,婆婆家的人又不让丈夫接电话。她的处境确实很艰难。

事情发展到了上述的程度,确实让人感到惋惜。婚姻的起落应由夫妻两人的感情好坏来决定,怎么能因为婆婆而使夫妻两人对簿公堂呢?或许两个人都不说,或许一句话就可以说明白。

不过,事情已经到了这一步,论理是不重要了,两人要争的都是一口气。使婚姻走上这种绝境的应该说大多是做媳妇的造成的。在这里,不想细究婆媳孰是孰非,因为就这样失去感情毕竟是遗憾的。应该承认:存心破坏儿子婚姻的婆婆和有畸形恋母情结的丈夫都是不多见的。

聪明的女人当然明白婆媳关系的好坏无论从哪个角度出发都能决定家庭的幸福、自己的幸福。下面几点具体的幸福建议给渴望幸福的女人作参考:

首先,不要对丈夫家里人存有戒心或者疑心。每家都有自己的家风,每人都有自己的个性。不要指望丈夫的家应该是什么样,婆婆该怎样来对待自己。来到一个新的环境,就要以客观的态度来接纳它。比如,很多受旧思想影响较深的老人认为儿媳是外姓人,有事把儿子叫出去单独商量好。新婚的妻子往往很不习惯,或者硬拉着丈夫不让出去,或者自己也跟出去。后来发现谈话内容倒也无关紧要,就不再操这份心,受这份累了。类似这种情况,每个做儿媳的都可能遇到,这时不妨征求一下丈夫的意见:是婆婆故意刁难自己,还是婆婆为人一直如此?只要打消疑虑,彼此交流也就畅通了。

其次,接受丈夫对亲人的感情。在很多女人身上有一种很有趣的现象:她们很爱自己家的人,对父母孝顺,对兄弟姐妹都很照顾,但不许丈夫对他的亲人有同样的感情。己所不欲,勿施于人,反过来也是如此,自己享有某种权利,就不要剥夺别人同样的权利。

最后,不要把婆婆同自己的母亲相比。你与母亲是血肉相连的,而婆婆是结婚以后才开始相处的人。结婚前,同丈夫谈恋爱,有感情基础,而与婆婆几乎没有什么感情联络,这就像没往银行存钱一样,不要指望索取。

在一般的婆媳关系中,面子上过得去,没有太大的矛盾和冲突不影响自己的婚姻生活,就是很正常的关系了。生活中也不乏关系融洽、相依为命的婆媳关系,但这需要双方的共同培养和双方性格相通,是可遇而不可求的。如果当真达到了这种境界,你的婚姻会更加美满。

替上司为自己找升职的理由

天上不会无缘无故掉馅饼,同样你的上司也不会无缘无故地给你加薪。上司给哪些员工加薪,给哪些员工升职,或对哪些员工炒鱿鱼,都有他自己的理由和依据。作为一个想成大事的女人要想获得提升和加薪,以下几个细节一定要注意:

第八章 >>> 八面玲珑
聪明女人要掌握处世技巧

1. 不要探听上司的秘密

有许多女人好奇心重,为得知上司的秘密而四处打探,认为如果知道上司的一些小秘密,就可以和上司拉上关系。孰不知有些秘密可能成为你永远不能升职的原因。既然是秘密,当然知道的人越少越好,别探问上司的隐私。上司面对工作会感到心情压抑,家庭生活也会产生这样那样的矛盾。如果你毫不客气地探问其隐私,甚至为其出谋划策,那就大错特错了。即使上司在最脆弱的时候,也只需要适度的关心,以开解郁闷的心情。要明白,真正关心上司,出发点应是爱戴而不是利用。一旦上司知道你了解了他的秘密,必定对你有所防范,甚至会将你调到远离他的地方。如果你不小心撞到了上司的秘密,装蒜是唯一的明哲保身的办法。

2. 注意对公司的态度

如果你在上司面前,对薪酬的数目多少过于在意,这会使上司认为你是为了金钱而工作,而没有了对事业的追求,缺乏工作热情。但是,如果你在上司面前表现出一副对金钱无所谓的态度,这也会使上司感到你是一个难以驾驭的人,从而失去了对你的信任。那么,究竟应该对薪金持什么样的态度呢?

第一,如果上司在某日提出要给你加薪时,这就说明你在公司是个不可多得的人才,上司非常器重你。千万不要直截了当地和上司讨论加薪的幅度问题。

第二,不要加入任何小组、个人或机构发起的为争取某种利益的签名活动,除非这项活动是由上司亲自发起的,并且是对大家有益的。在遇到对公司的意见或对加薪幅度不满的书面建议时,尽量回避,低调处理。

第三,在日常生活中,不妨偶尔吃几天便当,让人感到你经济上的拮据。但不能强调自己的经济状况,有要求上司加薪的嫌疑。

第四,如果你有幸遇到一位人情味十足的上司,你可以为自己争取更多的加薪机会。不过你一定要对上司了如指掌,否则的话,不要轻举妄动。

3. 维护上司的利益

上司的利益是非常广泛的,它包括很多方面的内容。作为企业的员工要能够帮助上司解决企业所面临的各种问题,解决企业的困难。如果这一方面你做不到,那么你成大事的梦想就会破灭。

上司是公司里的掌舵人,他对本公司员工的表现和态度是非常敏感的。为了达到升职加薪的目的,你就要使自己的一切行为都要符合上司的利益,这是尤其重要的。如果你在某一行为上损害了上司的利益,哪怕是一次无意的损害,都会使上司感到厌恶,从而让你失去升职和加薪的机会。

4. 不能将自己捧得太高

适当地推销自己是非常必要的,但绝不能过头。因此劝要成大事的女人千万不能在上司面前自恃才高八斗,显得神通广大,无所不能,无所不会,这样不仅不能使上司惊叹和赞赏,还会使上司对你失去安全感,使他对你有所防备。

因为上司都有自己的三防策略。一防你自恃太高,太过醒目而容易被其他公司利诱,做出损害公司利益的事情。二防你在公司有太大的影响力,对其他员工会起到煽动作用,动摇他的领导地位。三防你聪明过头,练精学懒,当公司的权力掌握到你手里后,不思进取无所建树。

5. 让上司知道你是最效忠他的

上司在工作和生活中,有一个属于自己的圈子,而这个圈子里的人,会被他认为都是自己人,也就是效忠他的人。如果进入这个圈子,就要时刻保持对上司应有的效忠程度。凡事你都要让上司出风头,把他推到前台亮相,使他成为媒体注意的焦点和风云人物。当上司称赞某一个员工在公司的作用时,会用"公司里没有此人不行"的语言,实际上在上司的眼里,这位员工

第八章 >>> 八面玲珑
聪明女人要掌握处世技巧

仍是他的雇员。有些人并不明白这一道理,被上司一套,即刻飘飘然起来,连上司的尊严也不顾了,甚至放浪形骸,得罪其他同事。

必须懂得用毕恭毕敬的态度对待上司,在上司面前,一定要保持谦和,这是你平步青云的阶梯。

6. 得到上司的赏识和好感

员工如果得到上司的赏识和好感,那就等于该员工有了升职的基本条件。尽管许多上司都喜欢下级讨好奉承,但他们更喜欢那种脚踏实地、埋头苦干的人。如果你把上司安排的每一件事都办得妥帖,然后再说几句上司爱听的话,比起那些只说不做的人来,上司一定会对你另眼相看。

聪明的女人请记住,无论任何时候你都要迎着上司的目光,不可躲躲闪闪;坦率与之交换看法,不隐瞒不夸大;不议论其隐私,并尽己所能努力工作,争取成为其最佳的部下。注意到这几个细节,你的上司便没有什么道理不喜欢、不赏识你了,而你也就会离成功愈来愈近了。

与同事相处融洽的秘诀

许多女性都抱怨办公室里的人际关系太复杂,不好处理,其实只要你真诚地对待别人,也会得到别人的诚意。大家每天疲倦地工作,融洽的同事关系可以缓解我们的疲劳,是很不错的啊。

在我们的工作环境里,建立良好的人际关系,得到大家的尊重,无疑对自己的生存和发展有着极大的帮助。而且有一个愉快的工作氛围,可以使我们忘记工作的单调和疲倦,也使我们对生活能有一个良好的心态。

在与同事相处时应做到以下几点:

1. 有意见最好直接向上司陈述

在工作过程中，每个人考虑问题的角度和处理的方式难免有差异，对上司所作出的一些决定有看法，在心里有意见，甚至变为满腔的牢骚。在这些情况下，切不可到处宣泄，否则经过几个人的传话，即使你说的是事实也会变调变味，待上司听到了，便成了让他生气和难堪的话了，难免会对你产生不好的看法。如果你经常这样，那么你就是再努力工作，做出了不错的成绩，也很难得到上司的赏识。

所以，最好的方法就是在恰当的时候直接找上司，向其表达你的意见。作为上司，他感受到你的尊重和信任，对你也会多些信任，这比你到处发牢骚要好多了。

2. 舍得让利，放眼将来

有一些女人与同事的关系不好，是因为过于计较自己的利益，总是去争求各种好处，时间长了难免会引起同事们的反感，无法得到大家的尊重，而且她们总在有意或无意之中伤害了同事，最后使自己变得孤立。而事实上，这些东西未必能带给女人多少好处，反而弄得自己身心疲惫，并失去了良好的人际关系，可谓得不偿失。如果对那些细小的又不影响自己前程的好处，多一些谦让，比如单位里分东西不够时少分些，一些荣誉称号多让给即将退休的老同事，与其他人共同分享一笔奖金或是一项殊荣等等，这种豁达的处世态度无疑会赢得人们的好感，也会增添你的人格魅力，同样会带来更多的回报。俗语所说的"吃小亏占大便宜"从一定程度上说明了这个道理。

3. 替人着想

同事是与自己一起工作的人，与同事相处得如何，直接关系到自己的工作、事业的进步与发展。如果同事之间关系融洽、和谐，人们就会感到心情

第八章 >>> 八面玲珑
聪明女人要掌握处世技巧

愉快,有利于工作的顺利进行,从而促进事业的发展。反之,同事关系紧张,相互拆台,经常发生摩擦,就会影响正常的工作和生活,阻碍事业的正常发展。要搞好同事关系,就要学会从他人的角度来考虑问题,善于作出适当的自我牺牲。要处处替他人着想,切忌以自我为中心。

我们在做一项工作时,经常要与人合作,在取得成绩之后,我们也要让大家共同分享功劳,切忌处处表现自己,将大家的成果占为己有。给他人提供机会,帮助其实现生活目标,对于处理好人际关系是至关重要的。

替他人着想应表现在当他人遭到困难挫折时,伸出援助之手,给予帮助。良好的人际关系往往是双向互利的,你给别人种种关心和帮助,当你自己遇到困难的时候也会得到相应回报。

只要你以真诚的态度注意从以上三个方面去努力实践,同时保持正义感,那么做个让人喜欢的好同事、得到一个好人缘会是一件很简单的事情,工作便也成了一件让人快乐的事了。

轻松应对职场复杂的人际关系

在职场中,女性会遇到许多不同性格的人,如何处理复杂的人际关系,提升自己在办公室的地位就成了女性要考虑的首要问题。要做得既得到男同事的赞赏,又不至于遭女同事的妒忌着实需要下点功夫。

在职场中,就得学会与不同类型的人相处的技巧。

(1)远离口蜜腹剑,微笑着打哈哈的人。这种类型的人的特点是,嘴上说得比蜜还甜,可实际上却是一肚子坏水。

跟这种类型的人做同事,最简单的应付方式是装不认识他,尽量不跟他有利益方面的冲突,不要做同一件工作。就算是非工作时间,也要避免让他接近你，否则你给他机会，他就拿你开刀。

（2）阿谀奉承的人，不要与他为敌。此类人的特点是喜欢拍马屁，善于说很多好听的话语以博得别人的欢心，在上级面前更是殷勤。一般总是说得多，做得少。

当此类人是你的同事时，你就得小心了。没有必要得罪他，平时见面还是笑脸相迎，和和气气。如果你有意孤立他，或者招惹他，他就可能把你当做往上爬的垫脚石。

（3）与尖酸刻薄的人保持一定距离。他们在公司内是较不受欢迎的一类。他的特点是和别人争执时往往挖人隐私不留余地，同时冷嘲热讽无所不至，让对方自尊心受损，颜面尽失。这种人平常以取笑同事、挖苦老板为乐事。你被老板批评了，他会说："这是老天有眼，罪有应得。"你和同事吵架了，他会说："狗咬狗一嘴毛，两个都不是好东西。"你去纠正部下，被他知道了，他也会说："有人恶霸，有人天生贱骨头，这是什么世界？"

尖酸刻薄型的人，天生伶牙俐齿得理不饶人。由于他的行为离谱，因此在公司内也没有什么朋友。他之所以能够生存，是因为别人怕他，不想理他。但如果有一天遭到众怒，他也会被治得很惨。如果他是你的同事，和他保持距离，不要惹他。万一吃亏，听到一两句刺激的话或闲言碎语，就装没听见，千万不能动怒，否则，是自讨没趣，惹鬼上身。

（4）对忘恩负义的人，不与他一般见识。这类型的人最大的特征就是，翻脸如翻书，一旦跟他产生利益冲突，不管你以前对他有多么大的帮助，有多少的恩情，他都一概不认账，翻脸不认人。面对这种同事，你只要做好自己的事情，不跟他扯上利益关系就行了。

（5）应付挑拨离间的人，最好谨言慎行。同样是一张嘴巴，有人用来吹牛拍马，有人用来讽刺损人，有人用来挑拨是非、离间同仁。吹牛拍马是损人利己；尖酸刻薄是损人不利己；挑拨离间是将公司弄得乱七八糟，人心惶惶，变文明为野蛮，人人自危，人人战斗。这种类型的人，给公司带来的杀伤力非常大且迅速，只要一不注意或处理不当，便可能产生严重后果。

应付这种类型的人,没有什么好办法,只能不让这类人进来,或一有发现就予以开除。否则,后果不堪设想。

这种人做了你的同事,你除谨言慎行及和他保持距离外,最重要的是你得联合其他同事,建立联防及同盟关系,将他孤立起来。如果他向任何人挑拨离间,不要为之所动和受影响。

(6)应付自以为是的人。这种人对任何事情都有他自己的意见。他之所以会踌躇满志、自以为是,是因为他一直处在一种极顺的状态下,他不曾尝过失败的苦头,因此也不怕失败。他没有办法接受别人的意见,如果别人够聪明的话,也不用和他争辩。要知道,一个长久不曾失败过的人,是因为他的智慧,而不是他的运气。朋友,相信"智慧"这两个字,虽然很好写,但不容易被理解。和这类人做同事,尽量顺着他,只有等他尝到一些失败的苦果,才能真正地改变及帮助他。

爱心让你拥有好人缘

爱心是人缘的基础。一个女人进入社会,开始过群体生活,意味着要与他人交往共事,可有的女人却由于社交能力差,不善于为人处世,结果人生成长与事业发展的过程处处受阻。相反,有的女人能力虽然不是很强,但是她对人礼貌,善于交际,于是办事总是比别人容易成功。

台湾作家刘墉说:"一个人人缘不好,大小事情只能靠自己去做,能力再强,又能做多少事?你的素质再高,如果只是将本身的能量发挥出来,不过能比常人表现得好一点而已;如果你能集合别人的能量,就可能获得超凡的成就。"

是啊,正因为如此,有好人缘者在社会上越来越受重视。许多公司在招聘高级管理者时,要考查他的人际关系,没有好的人缘,能力再强,不能录用。如在人际关系上有超群的能力,有非常好的人缘,其他条件可以放宽。

我的同学小艳,毕业后在一家公司任小职员,后来成为了公司的副总经理。她常常对人说,她的成功,人缘好是主要因素。她认为人缘在一切事业里,都极其重要。

如何获得好人缘?以诚待人!一个幸福的家庭,夫妻相敬如宾,彼此忠诚。诚,是爱的体现,家庭成员人人爱自己的家,焉有不幸福的道理?同样,一个公司兴旺发达,也是大家都爱自己的公司,营造了良好的文化氛围。

有一位明星大腕投资搞实业,与某地农民合作,利用他们的土地建厂房。可是几年后,这个发了财的大腕却不按合同兑付农民的土地股金,使农民蒙受了巨大的经济损失。农民们联名把大腕告上了法庭。这位大腕利用名人效应,在社会上套取无本生意,欺骗那些善良的人,结果却把自己的人缘市场弄丢了。

没有爱心的人,不会有太大的成就。李嘉诚是世界级富豪,他能取得成功,源于他有一颗爱心。李嘉诚说得最多的一句话就是:"钱来自社会,应该用于社会。"他在取得巨大的物质财富之后,便积极推行有利于国家和人民的慈善事业。为了替家乡人民办一点实事,1990年,北京亚运会筹资阶段,李嘉诚一次捐献30万元,是捐献资财的最大户头;1991年,我国华东地区遭受特大洪涝灾害,李嘉诚个人捐款5000万港元,成为当时个人捐款最多的企业家;1992年,李嘉诚与中国残联主席邓朴方会晤,他对邓朴方说,他和两个孩子经过考虑,再捐一亿港元,也作为一个种子,通过各方面的共同努力,为全国的残疾患者办点实事。李嘉诚先生对祖国的捐资援助从不吝于钱财,到目前为止,捐款数额庞大,已超过了几十亿港元。他认为这样做是恰当的,符合他的处世待人之道。

的确,人格上的高贵同时造就了事业的高贵,富有伟大爱心的李嘉诚在

第八章 >>> **八面玲珑**
聪明女人要掌握处世技巧

生意圈中树立了良好的公信力。

富兰克林说:"我深信一个人用自己的才智努力工作赚钱致富是正当的,但要记得慷慨地跟别人分享,然后恬淡地走开。"

助人就是助己

助人就是助己。一次举手之劳的助人行为,会带来喜出望外的机遇,人生之路也会越走越宽。所以,明智的女人宁愿看到人们需要她,而不是感谢她。

一个人能力虽然不大,但只要肯帮助别人,她终将受到人们广泛的欢迎。

有一中年妇女,丈夫因病去世,自己带着女儿艰难度日。她原本在一家工厂上班,几年前由于经济不景气,工厂面临着倒闭,她下岗了。好在她平时待人很好,在街坊邻居中极有人缘,下岗不久便在亲戚朋友的帮助下,在小镇兴隆服装市场旁开起了一家饭店,做了女店主。

饭店刚开张时,生意较为冷清,全靠朋友和街坊邻居们的关照。后来,由于女店主忠厚老实,又热情公道,小饭店渐渐开始有了回头客,生意也一天一天地好了起来。

也许是女店主慈悲善良的缘故,几乎每到中午吃饭的时间,小镇上的五六个大小乞丐都会相继光顾这里。客人们常对女店主说:"快把他们轰走吧,这些都是好吃懒做的主,别可怜他们。"这时女店主总是笑笑说:"算了吧,谁还没个难处?再说你看他们风餐露宿的,也挺可怜的。"

人们都说,这女店主太善良了,从未见过小镇上其他店主能够像她那样宽容平和地对待这些肮脏不堪令人厌恶的乞丐。若是别的店主一见到乞丐上门,就会严厉地呵斥辱骂,毫不留情地赶走他们。而这个女店主则每次都会微笑着给他们的饭盆里盛满热饭热菜,而且多是从厨房里取出来的新鲜饭菜。更让人感动的是,在她的施舍过程中,没有丝毫的做作之态。她的表情和神态十分亲切自然,就像她所做的一切原本就是一件分内的事情似的。

日子就这样一天一天地过去。一天深夜,服装市场里一家经营童装生意的店铺由于电线短路,引发了一场大火。那些服装几乎都是易燃物品,加之火借风势,眨眼的工夫整个市场便成了一片火海。

小饭店紧邻服装市场,势单力孤的女店主眼看辛苦张罗起来的饭店就要被熊熊大火所吞没,那刚刚添置的冰箱和彩电也将都化为灰烬,心急如焚。这时,只见那些平常天天上门乞讨的乞丐,不知从哪里冒了出来,在老乞丐的率领下,他们冒着生命危险将冰箱彩电,还有一个个笨重的液化气罐奋力地搬运到了安全的地方。紧接着,他们又冲进马上就要被大火包围的店内,将女店主别的财物全都搬了出来。消防车很快就开了过来,大火被扑灭了。小饭店由于抢救及时,只遭受了一点小小的损失。周围的那些店铺却因为得不到及时的救助,全变成了废墟。

大火过后,人们都说是女店主平时的善行得到了回报,要是没有这些平时受她恩惠的乞丐们出力,饭店恐怕也会变成一堆瓦砾。

人常说:"恶有恶报,善有善报。"其实拿到现实生活中来,这种所谓的因果报应只不过是心存感激的受惠者对施惠者的一种报答而已。

有一种说法,叫做生活不需要技巧,讲的是人与人之间要以诚相待,不要怀着某种个人目的。对别人的帮助,要落到具体的行动上,不要只停留在口头上。

帮助别人,不要居功自傲。帮助时应注意:不要使对方觉得接受你的帮助是一种负担,帮助要做得自然得体。也就是说在当时让对方或许无法感受到,但是日子越久越能体会到你对他的关心,能够做到这一点是最理想的。帮忙时要高高兴兴,不可以心不甘情不愿的。

如果对方也是一个能为别人考虑的人,你为他帮忙的各种好处,绝不会

第八章 >>> 八面玲珑
聪明女人要掌握处世技巧

像泼出去的水,难以回收,他一定会用别的方式来回报你。对于这种知恩图报的人,应该经常给他些帮助。

科学家曾在风洞试验中发现了这样一个现象:成群的大雁成"人"字形飞行时,比一只大雁单独飞行能多飞20%的路程。这是为什么呢?原来大雁的这种互助行为,减少了风的阻力。其实人类也一样,当你帮助别人时,自己也得到了帮助。

美国南部的一个州,每年都举办南瓜品种大赛。有一个女农场主的成绩相当优异,经常获得一等奖。她在得奖之后,总会慷慨地将得奖的种子分送给邻居。有一位邻居不解地问她:"你的奖项得来不易,每季你都投入大量的时间和精力来做品种改良,为什么还这么慷慨地将种子送给我们呢?难道你不怕我们的南瓜品种因此超过你的吗?"

这位农场主回答:"我将种子分送给大家,虽是帮助大家,但也是在帮助我自己!"

原来,这个镇上家家户户的南瓜田地都毗邻相连。如果女农场主将得奖的种子分送给邻居,邻居们的南瓜品种得到改良,就可以在传粉的过程中促进她的南瓜品种改良。相反,如果她吝啬自私,不给邻居优良种子,则邻居们在南瓜品种的改良方面势必无法跟上,那些较差品种的花粉会传播给她自己的南瓜,她反而必须在防范外来花粉方面大费周折而疲于奔命。

由此可得到启示,一个想获得成功的女人养成乐于帮助别人的习惯很重要。因为在这个竞争日趋激烈的社会里,随时都有可能需要某个人的帮助,这便是你为什么要感情投资的原因。

善于倾听朋友的忠告

朋友对自己的忠告,有时并不是很顺耳的,但朋友的忠告却可能是真实的,对自己有用的,因而是难得的。在生活中,我们要善于倾听朋友的忠告。

美国著名女演员玛丽·马丁12岁时结上了一个小冤家——有个女孩老爱揭她的短处。随着时间的推移,小女孩对玛丽的攻击面也越来越宽,她说玛丽"骨瘦如柴";说她"不是好学生";说她"太顽皮";说她"说话嗓门太大";说她"太自私"……起先玛丽尽量忍耐,但后来却禁不住怒火中烧,她眼泪汪汪地去找爸爸。

爸爸却心平气和地倾听着玛丽的哭诉,接着他问:"那么,她说的是真话,还是假话?"

"怎么会是真话?"玛丽委屈地哭着说,"她说的还会是真话?"

"玛丽,你想过自己究竟是怎么一个人吗?好,现在你既然已得知那姑娘对你的看法,那不妨将她说的一切一一列出,然后再在她说得对的项上做个记号,至于她说的其他话就不必计较了。"

玛丽遵命列表,令她大吃一惊的是:小女孩说的话中竟有一半没错!其中有的倒是玛丽无力改变的(如说她"骨瘦如柴"),但玛丽觉得她所说的自己的许多缺点却是完全可以克服的,玛丽突然萌发了克服这些缺点的念头!这是她生平第一次对自己有了比较清楚的认识。

玛丽把纸交给爸爸,但他没有接。

"那是你自己的事,"他说,"因为你比世界上任何人都更真实地了解你自己。但是你得学会倾听,不要由于生气或难受而掩耳。如果别人的议论

第八章 >>> 八面玲珑
聪明女人要掌握处世技巧

没错,那么你自会心中有数的,你会听到内心深处引起的一阵共鸣声!"

以前,玛丽一直认为爸爸是自己所住城市里最有学问的人,他是城里的首席法官兼律师,同时还是学校董事会的董事长。不过眼下她却感到难以接受他的观点。玛丽似乎觉得,如果照他那么办,那就太便宜了自己那位冤家了!

"不过,她当着众人的面说我闲话绝非好事!"玛丽说。

"玛丽,只有一个办法使人永远不被议论和批评,那就是:什么也不说,或者什么都不干。当然,那不就成了个多余的人。你总不想当那号人,是吧?"

"是的。"玛丽承认道。

后来,玛丽又经历了一次更为痛苦的教训。事情发生在她即将登台演音乐剧的那一星期。她担任这出音乐剧的主角,因而心中充满了渴望和激动。

就在公演前几天,几位朋友准备在邻近的湖畔举行一次野餐会。这是阴冷的一天,妈妈要她待在家中以免感冒。对此玛丽吵个没完,于是在她保证不去游泳后,妈妈便作了让步。

看到人家一个个跃入水中,玛丽的心便痒得难受,于是,她穿上运动衣,驾上一叶小舟出游了。

最后,在玛丽驾舟回到岸边时,有几个男孩恶作剧地猛摇起小船来。小船在刚要靠岸时翻了个底朝天!为了避免落水,她纵身一跃上了岸,但脚掌却正好踩在一个破瓶子上,被割开了一条深深的口子。

玛丽不能出演主角了,候补演员却大获成功。"我还是履行了诺言,没去游泳呀!"她对爸爸说。

"玛丽,你妈的话你只听进去了一半。她真正要你保证的是'小心别感冒',不去游泳只是保证不感冒的因素之一,难怪你倒了霉。"

玛丽辩解说:"可是所有的朋友都劝我上船去呀!"

"但他们都错了,是不?"他停了一下,又说,"你会发现,世上有许多人会对你发出五花八门的劝告。别掩上耳朵，什么人的话都可以听听，不过重要的是你得善于分析，并且按照你认为正确的去做。"

在此后的许多关键的时刻，玛丽总会想到爸爸的忠告。她去过好莱坞，满怀希望能进入电影界，所有的摄影场她都去应过试。两年中她一次又一次地去应试，然而每次她都是榜上无名，大家都称她为"应试玛丽"。有个导演对她的频繁应考颇觉厌烦，因而对她不客气地说："应试玛丽，你的鼻子太大、脖子又太长，你不是演电影的料！请相信我说的全是真话！"

玛丽想他说的的确是真心话。但对于天生的鼻子和脖子自己是无计可施的，她只有加倍努力，才有成功的希望！最后，玛丽需要倾听的那种真话终于进入了她的耳朵，那是一个名叫科恩的仁慈又智慧的人对她提出的忠告。当时他正在为圣路易斯歌剧院主持招聘演员的考试。玛丽自然又去应试了，但仍未被录取。不过他把玛丽拉到一边，告诉她："你得按照你自己的方法唱歌！"

起先，玛丽对他的忠告无动于衷，因为她太失望了。不过后来当她再一次细细琢磨时，却茅塞顿开！就像她爸爸说的，她在内心深处听到了共鸣！她试过种种著名的发声法，但科恩先生却指出她走错了路子！玛丽认识到，他说的是真话！要获得成功，一定得走自己的路，而绝不是步人后尘！

过了几周，有家好莱坞夜总会招聘演员，这个"应试玛丽"又去了。但这回她不想机械地模仿别人。她想："我就是我玛丽。"她并不努力使自己招人注意，只是穿上素雅的黑绸衬衣和白色上装。她改用以前学来的发声法放开嗓门歌唱，结果，她终于被录取了！

自此以后，成功便接踵而来，不久，玛丽便成了百老汇红得发紫的明星。现在，就像她爸爸说的那样，玛丽被五花八门的声音包围住了：建议、赞美、批评，不仅有来自亲朋好友的，也有来自权威的戏剧评论家的。玛丽努力使自己听到内心深处的那种共鸣，不过却往往觉得困难重重。她说："我必须依靠那些乐于指导和帮助我听到真话的人们。"

在生活中，我们也要学会善于倾听朋友的忠告，只是时刻不要忘了用自

第八章 >>> 八面玲珑
聪明女人要掌握处世技巧

己的脑子思索和判断。

与朋友相处有道，友谊方可地久天长

和朋友相处，要有分寸！

和朋友相处，并不是随心所欲，无拘无束，还美其名曰"坦诚"。须知，朋友相处也应有分寸。俄国寓言作家克雷洛夫写过一篇著名寓言《杰米扬的汤》。寓言说的是有位擅做鲜鱼汤的杰米扬，为了款待老友福卡，做了一锅香美可口的鱼汤，一盆接着一盆地敬劝老友多喝，直喝得老福卡大汗淋漓，叫苦不迭。可是杰米扬还是一个劲儿地劝："喝得痛快！好，再来一盆吧。"结果是尽管福卡很爱喝汤，也不得不赶紧拿起帽子、腰带和手杖，用足全力跑回家去，从此再也不敢登杰米扬的家门了。

这则寓言告诫人们，事情做过了头，好事也会变成坏事。

《杰米扬的汤》以生动的故事揭示了这个真理。我们处理人际关系，应当时刻记住这个真理。比如坦诚、热情、谦逊、活泼、谨慎等等，无疑都是待人之道的必不可缺的品格。然而，这里同样也有一个"度"的问题，即要注意掌握分寸，尽量做到恰到好处，否则便极易失度，从而影响人际交往。怎样才能把握住"度"呢？下面几点建议可供借鉴。

1. 坦诚但不犯忌

奥斯特洛夫斯基说过："所谓友谊，这首先是诚恳。"的确，人际交往倘不襟怀坦荡，真诚恳切，而是相互戒备，"见面只讲三分话，绝不全掏一片心"，正常交往尚且谈不上，又怎能指望相互推心置腹，以诚相见？但是，所谓坦诚，也要适度，要讲效果。如朋友之间，"胸无芥蒂，无话不说"固然不错，但是,坦诚也应留有余地。说话办事透彻、痛快当然无可非议,不过,像鲁迅先生所反对的"透底"就不好,注意留有余地,必要的避讳、求雅还是需要的。有时为避免意外的发生,向当事者暂时保密,不吐露真情,也是人之常情,不宜把它同坦诚对立起来。

2. 热情但不轻率

人际交往,由于场合、年龄、性别、辈分以及交往深浅程度等等方面的不同,热情也应该有档次、分寸上的区别。在公共场合,即使熟人、恋人相见,也不宜旁若无人,高声纵情谈笑,至于失度的亲昵举动则更不适宜。有人认为,只有事事应允对方,才能显出自己的热情来,其实大不尽然。中国有句古语"轻诺必寡信",失信的热情好比一张空头支票,只能取悦于一时,终归毫无价值。对于那些明显不合情理,或者自己力不从心的委托,都应婉言谢绝。同理,自己对交往的对方,也不宜提出不合情理的要求。总之,热情应是友谊的升温剂,但是倘若失控,超过了限度,也足以酿成焚毁友谊的悲剧。

3. 谦逊但不虚假

法国资产阶级启蒙思想家孟德斯鸠说过:"谦虚是不可缺少的品德。"谦虚的品德对于人际交往尤其重要。一个背着自负自傲沉重包袱的人,他的友谊财富必然少得可怜。这里,谦逊必须以坦诚为基础,否则就难免陷入虚伪的泥潭。比如讨论问题时,明明自己有不同意见,为表谦逊而不明白说出,或者吞吞吐吐,言而不尽;对方批评自己时,当面唯唯称是,背后却又发牢骚。再者,还应划清两个界限:一个是谦逊与虚荣的界限。如果一个人故作谦逊姿态,以求得"谦逊"的美誉,就是虚荣的一种常见的表现。这种虚荣心一旦被对方察觉,还哪里会有愉快的交往可言?再一个是谦逊与谄媚的界限。有些人在交际时爱对对方说一些言不由衷的溢美之词,以为只有这样才显得自己彬彬有礼,谦恭而有教养。殊不知,过分溢美,几近谄媚,也往往令人生厌。

第八章 >>> 八面玲珑
聪明女人要掌握处世技巧

4. 谨慎但不拘谨

人们无论做什么事,谨慎从事总是获取成功的必要条件,处理人际关系,自然不能例外。在人们面前手足无措、忸怩拘谨,这既有碍观瞻,也是不利于交际的。应该说的话不说,能够办的事不办,已经成熟了的果子也不去摘取,这就不是谨慎而是怯懦了。拘谨与忸怩貌似谨慎,实则是怯懦。在交际过程中,不应把仪态的落落大方同言行的谨慎持重对立起来。否则,一身的小家子气,谁还喜欢同你打交道呢?

5. 活泼但不轻浮

举止活泼,谈吐风趣幽默,往往是人际交往的良好媒介,也是交往深化的催化剂。不过切莫做过了头,否则就难免有上面所说的不检点、轻慢之嫌。我们的身边可能都有这样的人,他不分场合,不择对象,谈话中一味插科打诨,俏皮话连篇,有时甚至在大庭广众之下,公然呼叫别人的绰号,开一些不适当的玩笑,不仅引起当事者的反感,连在场的其他人也觉得难堪,不知如何收场。这样怎能收到活跃气氛、融洽关系的预期效果呢?因而,我们绝对不能把庸俗(甚至是恶俗)当成洒脱幽默,把肉麻当成好玩有趣。否则,这种所谓的活泼就将变成人际交往失败的陷阱。

6. 认真但不挑剔

一个人要赢得友谊,就要多看到对方的优点和长处。其实,每一个人都有长处,问题是在于发现。比如某人事业上很有才气,但生活处世能力却很差,那么,如果择其长处学习,你就会和对方建立友谊,相处和睦。相反,你睁开两眼看对方,要求对方什么都好,那么,最终使你失去友谊和失去朋友。闭一只眼看朋友,才是一种宽容的处世之道。比如你的朋友过去曾失足过,或者至今有某些缺点,你与他相处,不妨回避对方的伤疤,忘记他的过去,尊重他的今天,寄希望于他的明天,那么,你交朋友的视野就更为宽广,绝不会因斤斤计较某个朋友的过去而与对方不能相处。又比如，某人从前曾冒犯过你，或做了对不起你的某件事，如他已认错了，你也不妨闭上一只眼，让昨日的误会与冲突流逝，这自然不是无缘无故的宽恕，而是一种风度，同时能让对方认识你有不凡的胸襟与风度。

  世界上本来就没有完美无缺的人，如果你睁大双眼看对方，总可以发现对方有许多弱点，如以这种尺度去寻找朋友，你就会对生活充满了失望。你的过分挑剔以及过分苛求，最终可能使你连一个朋友也找不到，或者说，你的朋友因你过分睁大双眼而对你敬而远之。每个人在生活中，总会遇到挫折，从挫折中经受失败的考验，从幼稚走向成熟，从认识弱点走向克服弱点，那么，我们完全不必要把对方的过去洞察得完全透明化，你只要认为对方是一个真诚的人，即使他有某些与你格格不入的嗜好，你也不必大加追究。睁一只眼，即是多看到对方的长处；闭一只眼，即是少看到对方的弱点。唯有如此，你才能永远保持处世的乐趣。

第九章

完美无瑕，聪明女人要走出处世误区

不敢吃亏怎能占便宜
走出不平衡的心理误区
丢掉嫉恨，赢得信任
疑心病，早抛弃
勿在上司面前抢风头
不要当众指出他人的过错
永远记住对方只是一部分
建立在金钱上的友谊不可靠
不可因家庭而忽略朋友

不敢吃亏怎能占便宜

生活的实践告诉我们,不想吃亏的人,可能永远也占不到便宜。这是为什么呢?答案很简单——办事要平衡利益,不想吃亏的想法本身,使事物失去了平衡,这样的事就不好办,或者说根本没法办。俗话说:"舍不得孩子套不着狼。"只有敢吃亏,不怕吃亏,才有可能占到便宜。

小吃店店主是一对从农村来的小姐妹。开张这天,姐妹俩店面装修得体体面面,包子馒头做得实实在在,开门仪式也搞得像模像样。可是,不知是新来乍到,还是怎么的,连夜赶做出来的雪白喷香的包子馒头,摆出来时堆得像一座小山,过了一个时辰,仍然是小山一座,这可急坏了姐妹俩。没想到开业第一天,就热心肠遇着了个冷面孔。做生意都讲究开业大吉,以后才能生意兴隆财源滚滚,可今天却一个顾客也没有,以后怎么办呢?

就在姐妹俩坐立不安的时候,远远走来了一个小伙子,一看就是个白面书生。小伙子一只手拿着几张报纸,一只手拿着一本书边走边读,正向她们小吃店慢慢走过来。姐妹俩见来了位顾客仿佛喜从天降,不约而同地起身相迎。一个笑容可掬、一个面若桃花齐声道:"你是我们开张以来的第一个顾客,为了图个吉利,我们对你免费供应,你就敞开肚皮使劲儿吃吧。"姐妹俩还泡了一杯茶递送过来。这小伙子也不多说话边吃边喝,吃饱了,喝足了,起身付钱要走,姐妹俩死活不肯收。推推搡搡,弄得小伙子挺不好意思。

第九章 >>> 完美无瑕
聪明女人要走出处世误区

姐妹俩执意不收钱,小伙子没办法只好收起钱,扫了一眼店内,说:"两位老板如此热情,我也就不客气了。不过常言道:无功不受禄。你们看,我能帮你们做点什么呢?"姐妹俩一听不禁觉得好笑:你这个肩不能挑、手不能提的白面书生,能帮我们做什么呢?但又转念一想:不对。俗话说:人不可貌相,海水不可斗量,不可小看人家,兴许他还真能助我们一臂之力哩!

姐姐瞅瞅包子馒头山,对妹妹一眨眼。妹妹立即心领神会,便对小伙子说:"小哥哥,你这么热心肠能来捧场……"姐姐紧接过话头说:"货真价实,薄利多销,是本店的宗旨,可是你看,今天开张以来,你是我们独一无二的顾客。你是这城里人,人熟路广,能帮我们招来几位顾客撑撑门面吗?今天有了顾客吃了我们的东西,明天我们就不愁没有替我们宣传的人了。"

小伙子一听说:"好办!给我拿纸笔来,我给你们写个告示贴上就行了。"姐妹二人的心顿时凉了半截,以为小伙子有什么好办法呢,原来是写告示。开张大吉的告示早就贴出去了,至今还是没顾客临门。罢了,既然他要写,就让他写好了,死马当做活马医吧,别冷了人家一片热心。

于是她们拿来笔和纸给了小伙子。姐妹俩没指望这告示能有什么用,也就忙自己的事去了。小伙子也不介意,写好告示,自己踩了条长凳将告示贴在店门旁边就离去了。不料,小伙子走后,顾客一个接一个来了。起初,还像鱼上水,后来简直就如蚂蚁搬家成群结队了。两个时辰不到,包子馒头山就被搬得一干二净。姐妹俩乐得合不拢嘴,怀疑自己遇到了神仙。姐妹俩卖完了包子馒头,闲着无事就好奇地来到门口,想看看小伙子写的到底是什么告示。她俩一字一句读完了,不禁同时笑了起来。原来,告示上面写道:各位顾客,本店今日逢吉开业,昨夜由于紧张忙乱,不慎将一枚24K金戒指揉进了面粉,找了好久,没有找出来,敬请各位顾客食用本店包子馒头时务必小心注意。如果顾客吃进肚子造成事故,本店不承担责任;如果哪位顾客发现了戒指,没有食下此枚戒指,我们权当礼物相送,不必归还。特此告示。

从这个故事里我们不难看出小伙子熟谙人们爱财的心理:既能吃馒头

没准儿还可以白捡个金戒指,这么大的便宜哪儿找去,于是蜂拥而至来了一群捡便宜的人,殊不知真正的便宜,还是让商家捡去了。这样的理儿,如果不是姐妹俩免费供应吃的,又怎能换得个明白呢?恐怕那包子馒头山依旧是山,不敢吃亏又怎能占便宜呢?

上个世纪末,在上海出版的《申报》上记载了美国的洋油如何打进中国市场的故事:

中国由于几千年自给自足社会的影响,使中国人一般都缺乏商品交换意识。当时的人们都在夜间用豆油点灯,而美国的阿加莎来到中国推销马灯,竟没有一家用她的那种玻璃罩子洋玩意。在万般无奈的情况下,她已经无法把这些马灯再用轮船运回纽约去了。于是就下定决心给上海租界的中国人一家白送一盏马灯,再白送一公升美孚(也就是现在我们所用的煤油,这种油是从地底下开采出的石油提炼出来的)。当时的中国人并不知道美孚是什么,更不知道能从地底下抽出油来点灯,只乐得个白占便宜,不用白不用。

于是,人们便尝试着用美国马灯照明,觉得果然比中国的豆油灯既亮又防风防雨,就都普遍推广开来。

阿加莎天天给用马灯的中国人上门添油,使那些用豆油的中国人从不屑一顾,到好奇地进行尝试。阿加莎就抓住了人们爱占小便宜的特点,把所有的马灯和洋油全都白送出去。

接着她立即从美国运来大量的美孚,开始向中国使用马灯的人们出售。半年之内,美孚就在上海占领了市场,人们也以用马灯照明为时髦。一年之后,中国传统的豆油小灯已经被挤出上海市区,阿加莎因此发了大财。

在日常生活中,像阿加莎这样的例子很多。很多女人往往是利用了人们爱占便宜的心理,让自己吃点亏,从而达到自己想要达到的最终目的。

第九章 >>> **完美无瑕**
聪明女人要走出处世误区

走出不平衡的心理误区

现实生活中，很多女人的内心世界或多或少的都有一些不平衡心理。某人赚了钱，某人升了官，某人买了车，某人住进了别墅等等。自己本来比别人强，可却不如别人风光体面。

对比产生了心理不平衡，而这种心理不平衡又驱使着女人去追求一种新的平衡。如果在追求新的平衡中，你能不昧良知、不损害别人，自觉接受道德的约束和限制，通过正当的努力、奋斗去实现人生的自我价值，达到一种新的平衡，倒也是值得称道和庆幸的；倘若在追求新的平衡中，不择手段，毫无廉耻，那么就必然会产生一些意想不到的可怕后果。由此，你的人生必将陷入难以回旋的败局之中。

周霞原先曾是个表现不错，工作很能干也很有实力的地方官员，因政绩突出，不断得到提拔。但在最近几年里，当她知悉过去的同事、同学通过各种途径，生活条件都比她好的现实时，心里总不是滋味，想想自己能力至少不比他们差，职位也比他们高，可钱却比他们少，而且自己作为一地之长，担子比他们重，责任比他们大，工作也比他们辛苦，经济上却不如他们，于是深感不平衡。由此也就有了一定要超过他们的想法。于是在她任职期间，大肆收受贿赂。这样，她思想上警惕的闸门在不平衡心理的驱动之下终于被撞开了，欲望的洪水顿时倾泻而下，一发不可收，最终成了一名被判死缓的囚犯。

有一名年轻的教师，原先在教学上精益求精、兢兢业业，对学生无私奉献，赢得学生和家长的一致好评。但在一次朋友聚会的晚宴上看见一些人很富有时，心里不舒服起来。此后她总在想，我怎样也能富有呢？于是，她经常利用上班的时间做发财的梦,开始对教书不负责任。学生和家长意见很大,她得到学校的黄牌警告,但她毫不悔改,每天还是想着发财,一次在一个朋友的鼓动下做走私生意而被抓。其结果是财没有发成,却做了阶下囚。

不平衡使得一部分女人心理自始至终处于一种极度不安的焦躁、矛盾、激愤之中,使她们满腹牢骚,不思进取,日子得过且过,更有甚者会铤而走险,玩火自焚,走上了危险的钢丝绳。

因此,我们必须走出不平衡的心理误区。怎样才能从这种不平衡的心理误区中突围出来呢?以下几点值得考虑:

首先不可乱比较。因为不平衡心理源于比较,源于比较方式的不当,源于比较参照系选择的失误。例如刚才所说的地方官和教师,她们所选择的比较参照系自然是那些风流倜傥的有钱人,自认为能力、才华不比他们差,而收获却比他们少,这是多么不公平啊!其实,只要我们多想一想那些普通劳动者,他们的心理又何尝不是有这样多的焦虑、急躁与失落,甚至是愤愤不平呢?面对着众多的普通人,我们的心灵必然会多一分平静豁达,甚至多一分愧疚。还有什么不平衡可言呢?

其次保持心底无私。心理不平衡导致人生创伤,而心底无私则是治愈心理不平衡的良药。在金钱诱惑面前,一些女人头晕目眩,忘记了做人的起码标准和为人的基本守则,在追求心理平衡的过程中,向腐败、堕落的目标迈进。在她们身上缺少的是一种圣洁的信念、奋斗的理想,不能够自重、自省、自警、自励,不能够达到一种高尚人格的修炼。

心理不平衡会成为女人工作甚至人际交往的一个障碍,由于不能用理智来评价自身,也就不能客观公正地去评价别人,从而赢得别人的理解和信任;由于总是把自己的观点强加于人,势必会造成别人的心理反感,在人际交往上无形中产生一种心理对抗;由于心理不平衡难免不与人发生争执,从而影响与人的思想交流和融洽相处。不平衡而过于固执就无法与人沟通,会使你处于孤立无援的境地,最终导致怀疑自己的能力,动摇甚至丧失自信。

第九章 >>> **完美无瑕**
　　　　　聪明女人要走出处世误区

丢掉嫉恨，赢得信任

　　嫉恨通常只能让女人徒增烦恼而已，别把嫉恨带在身上，怀有嫉妒心理的女人往往是最不美丽的，还记得白雪公主的后母吗？那个爱嫉妒的女人，最终的结果是失去一切。

　　幼儿园老师决定让她班上的孩子们做一个游戏。她告诉孩子们每人从家里带来一个塑料口袋，里面要装上土豆。每一个土豆上都写着自己讨厌的人的名字，所以痛恨的人越多袋里土豆的数量也就越多。

　　第二天，每一个孩子都带来了一些土豆，有的是2个，有的是3个，最多的是5个。然后老师告诉孩子们，无论到什么地方都要带着土豆袋子，即使是上厕所的时候。

　　日子一天天过去，孩子们开始抱怨，发霉的土豆散发出难闻的气味，另外，那些带着5个土豆的孩子也不愿意再随身带着沉重的袋子。一周后，游戏结束，孩子们终于解放了。

　　老师问他们："在这一周里，你们对随身带着土豆有什么感觉？"孩子们纷纷沮丧地表示，带着土豆袋子行动不便，还有土豆发霉后散发的气味很难闻。

　　这时，老师告诉他们这个游戏的意义，她说："恨的人越多，你身上的负担便越重，心灵就越不容易得到快乐。放下心中的恨，得到的是轻松快乐。"

　　女人的嫉妒心，经常表现在爱情方面，但并不仅限于爱情，当工作或是生活中出现了比她自己有能力的人时，就会产生嫉妒心和憎恶感。

　　所嫉妒的一般是同时期进入单位的人，或是期望着获得同一个差事、等待高就同一个位置的人。

女人要力戒嫉妒的坏毛病,嫉妒是毒药,不仅使人疯狂,更让人丧失理智。我曾遇到过这样的一个女人,她本来文化素质还算不错,如果她把心思好好地放在正事上,原可以做出一些成绩,可她偏不这样认为,老是把眼睛长在别人身上,只要别人比她强,她就不服气,为此自己郁闷生气,想尽办法找别人的毛病,打击别人,以此来证明自己比别人强。其结果是什么呢?在她把时间都花在这些无聊的事上的时候,别人却在继续努力,事业发展得越来越好,成了成功的人士。别人并没有因为她的嫉妒和诽谤丧失什么,而是一直勤勉地向前走,在努力中得到成功的喜悦和快乐,并把她远远地甩在后面。

疑心病,早抛弃

疑心重是许多女人的通病,这不但不能帮助女人,反而使女人原来的优点变成缺点,使原来的缺点变得更突出。

还记得《疑人偷斧》的那个古老的故事:自己家里的斧头丢了,就怀疑邻居家偷的,怎么看怎么像,几乎笃定无疑了。可后来斧头却在自己家里找到了。于是,怎么看,那邻居都不像是个偷斧头的贼了。女人的心理常常就是这样的。

疑心重的女人,再加上她那原本容易轻信的弱点,便特别容易被挑动而激动,去做一些不明智的事情,可另外一方面,她们又特别容易在突然间偃旗息鼓。等事过境迁了,她们却又拒不承认她们当初的表现。她们在任何事情上都不愿意承担哪怕是极微小的责任。她们总是以受蒙蔽者或者是受害者的角色,出现在生活中,以便处处求得别人广泛的同情。

英国思想家培根曾说过:"猜疑之心如蝙蝠,它总是在黄昏中起飞。这

第九章 >>> 完美无瑕
聪明女人要走出处世误区

种心情是迷惑人的,又是乱人心智的。它能使你陷入迷惘,混淆敌友,从而破坏你的事业。"

有一位名叫欢欢的女孩子,把大量的时间花在了揣测别人的想法上,过度关注别人对自己的看法,结果把自己做正事的时间也浪费了。

欢欢是北京一家房地产公司的销售代表,温柔腼腆。有一次,她的一个同事收拾文件,将蒙上灰尘的一摞文件都堆放在她的桌上。那位同事并没有注意到这一点,其他同事都各干各的事,也没注意,欢欢心里感到特别不舒服,就狠狠地瞪了那位同事一眼。她瞪完之后,立刻就后悔了,赶紧环顾了办公室一下,这时正好有一位女同事抬头看了她一眼,她非常担心,怕同事说她小心眼儿。"她们一定知道我的不满,就这么点小事,我干吗这样对她呢?她们一定会怪我的。"在这一天中,她一直在注意其他人的反应,也不出去工作,恰好看她一眼的那位同事又问她:"你今天下午怎么不出去见客户呢?"欢欢认为这是让她走,好说她刚才瞪眼的事。

第二天上班时,欢欢来得有点晚了。她发现,其他同事正说笑着,没人在意她,她认为别人真的不理她了,而且,放文件的同事在她来后不久就离开办公室了。她想:"她一定是生我的气了。"

下午,开例会时,欢欢又发觉别人都在用异样的眼光看她。她想,坏了,她们一定对全体员工说了,这下整个公司都知道她小心眼儿了。以后在办公室的时候,听到同事们在笑,她就认为是在笑她;坐在这个办公室,她又担心另外办公室的人在背后说她的坏话。欢欢整天坐立不安,觉也睡不踏实。不久患了失眠性神经衰弱,工作业绩也下降了。

猜疑是缺乏事实根据的猜测,只是猜疑者根据自己的主观臆断毫无逻辑地去推测、怀疑别人的言行。猜疑的人往往对别人的一言一行都很敏感,喜欢分析深藏的动机和目的,看到别人悄悄议论就疑心在说自己的坏话,见别人学习过于用功,就疑心他有不良企图。好猜疑的人最终会陷入作茧自缚、自寻烦恼的困境中,最终还会导致自己的人际关系紧张,失去他人的信任,挫伤他人和自己的感情,对自己心理健康是极大的危害。

勿在上司面前抢风头

有些女人不懂得迎合上司,而是把老板的锋芒抢去,可是上司不会给你好脸色看。所以聪明的女人,应懂得如何适时地把自己的功劳归于老板。虽然这样做会有委屈自己和逢迎拍马之嫌,但有什么办法呢?做老板当然要光彩夺目,而下属相比之下自然应黯淡些,如果不是如此,那老板自然容不下你。

如果你的上司是女性,她很讲究服饰仪表,做下属的也要穿得整洁得当,但不要抢了老板的风头;如果你的老板不太看重服饰,那你在穿着上过得去就行了。

又如,在公共场合抢着说话也不太适合。当下属和老板出现在公众场合,老板不太爱说话而下属却滔滔不绝,引得众人的赏识和掌声,你把别人的目光都吸引到你这里,把老板的风头都抢光了,老板能不嫉妒你吗?所谓言多必失,做下属只能屈居第二,附和着老板即可。

当然,特殊情况又另当别论了,比如:商品展销会、业务洽谈会上,老板不善言辞时就需要下属做适当的补充了。

再如,你的人缘很好,工作能力强,但如果有些同事在老板面前太过表扬你,说你的才华超过老板。说这种话的同事也许是真糊涂,也许是别有用心的假糊涂,此时你就得小心了。老板希望下属个个精明能干,能独当一面,但不希望下属比自己强,这是一种很微妙的心理。

总的来说,有出风头的机会应尽量留给老板,千万别做抢风头的蠢事。

李娟是刚到公司的职员,短短两个星期后,她发现她的上司的工作其实很简单。有一天,当上司正在为一项任务愁得要命时,李娟主动请缨:"主任,这件事太简单了,我在学校经常接触这方面的东西。"

第九章 >>> 完美无瑕
聪明女人要走出处世误区

李娟本以为上司会对自己大加赞赏,没想到主任冷冷地抛过来一句:"是吗?我倒没发现原来你这么能干。"然后拂袖而去,剩下李娟一个人半天也没回过神来。

相比之下,杨丽就显得聪明多了。当杨丽的上司为一个问题烦恼时,杨丽并没有像李娟一样大大咧咧就说出让她来完成的话,而是以关心的态度表示愿意和上司一起思考,解决问题。她还找来一些资料与上司一起寻找解决方法。结果,如杨丽估计的一样,上司比她先从资料里找出了答案。问题解决后,杨丽明显感觉到上司和自己之间的距离缩短了,上司把她当成了自己人。

杨丽比李娟聪明的地方在于她既达到了解决问题的目的,又让上司保全了面子。在上司面前,杨丽并没有丝毫炫耀的意思,表现出的只是想替上司分忧的热情。

对于上司职责范围内的事情,无论你本人多么有能力,也绝不可擅自做主,私下处理,抹了上司的面子。

如果你比上司聪明,就要表现出相反的样子,让他看起来比你聪明干练。你可以故作天真,使表面上看起来你更需要他的经验。如果你的点子比上司的想法更富创意,尽可能以公开的姿态将这些点子划归他名下,让大家都看清楚,你的建议不过是对他的意见的回响。因为他必须看起来是众人围着的太阳,散发着光辉。

不要当众指出他人的过错

无论你采取什么方式指出他人的错误:一个蔑视的眼神,一种不满的腔调,一个不耐烦的手势,都有可能带来难堪的后果。你以为他会接受你的批评吗?绝对不会!因为你否定了他的智慧和判断力,伤害了他的自尊心和感情，并且使你自己也成了不受欢迎的人。

"啪！"一个漂亮的小玻璃杯掉在地上，碎了。正在一起玩耍的幼儿园小朋友们都停止了游戏，看看王阿姨，又看看"肇事者"兰兰，谁都不敢吭声。

王阿姨见此，沉吟了片刻，微笑着说："小朋友，我们做游戏时要小心，以后不要弄坏了玩具，好不好？"

"好——"小朋友们齐声说着，又蹦蹦跳跳地开始游戏了。

放学后，兰兰主动找到王阿姨，哭着鼻子说："王阿姨，您真好，不像我妈总是骂我。我再也不会打坏东西了。"

王阿姨见状，忙替她擦干眼泪，抚摸着她的小脸蛋，亲切地说："我们兰兰是个听话的好孩子，王阿姨怎么舍得骂你呢？再说你今天是不小心呀，以后注意一点儿就行了。"

从此以后，兰兰果然没有弄坏过东西，别的小朋友也没有。

当我们犯错误时，如果他人以温和的方法来处理，我们亦会对他们认错，甚至觉得爽直坦白是很光荣的；但如果谁当众指责我们的过错，就会把事情扩大，而且有伤彼此的感情。

卉卉是一家工程公司的安全协调员，她的职责之一是监督在工地工作的员工戴上安全帽。她一碰到没有戴安全帽的人，就官腔官调地批评他们没有遵守公司的规定。员工虽然接受了她的训导，却满肚子的不高兴，常常在她离开以后，又把安全帽拿了下来。

于是她决定停止批评。当她发现有人不戴安全帽的时候，就问他们是不是戴起来不舒服，或者有什么不适应的地方，然后她以令人愉快的声调提醒他们，戴安全帽的目的是为了保护自己不受伤害，建议他们工作的时候一定要戴安全帽。结果遵守规定戴安全帽的人愈来愈多，而且没有造成怨恨或情绪上的不满。

被批评的人永远只会怪罪于他人，而不可能承认错误，其实每个人都有这种毛病。所以，当你想批评他人时，不妨想想这些活生生的案例，你将会发现一点：我们所要批评、责备的人，不论其是否有错，都将会执意强辩，为

第九章 >>> **完美无瑕**
聪明女人要走出处世误区

自己的行径寻找借口,甚至反唇相讥。

永远不要说这样的话:看着吧!你会知道谁是谁非的。这等于说:我会使你改变看法,我比你更聪明。这实际上是一种挑战,在你还没有开始证明对方的错误之前,他已经准备迎战了。由于你的不给面子,他的反击也会毫不留情。

永远记住对方只是一部分

随着社会的不断发展,女性的社会地位得到了进一步的提高,尤其是职业女性,有许多都成了社会中的佼佼者,成了支撑半边天的重要人物。但仍有不少女性,将男人作为她们可依可攀的树,作为她们生活的全部。一旦身边没有男人,便无精打采;一旦话题离开男人,就觉得索然无味;一旦离开了男人,就找不着南北。女人把丈夫当成自己的全部,过分依赖另一方,爱的天平就会发生倾斜,这种倾斜会影响夫妻感情的正常发展,同时对女人危害甚深。如此,倒让男人得意了。

很多女性都以为爱情是生命中最重要的东西,而男性则注重在工作、竞赛中取胜,爱情并不是他们首要的需求。女人喜欢爱情有紧张感、有挑战性,能让她们销魂失魄,所以就容易匆忙陷入危险的动情的境地。男人在这一方面较为谨慎,在与女人的接触中,他们是自卫型的,有一种掩饰自己的恐惧和焦虑的能力,他们即使对女人动了情,无法把握自己和对方时,也不表现出慌张。

在任何情况下,女人都不应该把决定自我感觉的权利交给男人,但还是有很多的女人因为被男人抛弃而感到自我价值的丧失。这些女人总是觉得自己被生活的力量所左右,她们自我感觉是生活的受害者,男人闯入了她们的生活,让她们感受到了一种从未有过的感觉,而当他们离开时,则带走了她们的一切。

女人长期痛苦的另一个极重要因素,就是慢慢屈从于让男人来决定自身的价值。在男女的相互作用中,她们丧失了对自己内在力量的感觉,尤其当她们无力留住男人的爱时,她们会把暂时的丧失力量感与更为长久的无力感混在一起。其实,高情商的女人迟早会明白,一个男人可能离她而去,但并不能真正把她带走。只有她才是自己价值的实现者和实体的所有者,没有人能够真正把她偷走,男人离开她时,她会像丢掉垃圾一样,将离伤和痛苦一并抛掉。

过分依赖和被依赖的关系,实质上就是主从关系。它是以出卖自己的尊严为代价的,是自贬的行为。同时,女人把丈夫当成自己的全部,完全依赖于男人,也会给男人带来沉重的压力,让男人很不自在,对他的工作、生活都是非常不利的。时间久了,婚姻的质量必然会受到影响。

那么,作为职业女性,怎样解决过分依赖的问题呢?

首先,作为妻子要从思想上认识到过分依赖的危害,努力培养自己遇事多动脑的习惯。凡是拿不准的事情,要通过自己头脑的反复思考后,拿出解决问题的初步方案与丈夫商量。久而久之,就会使自己积累些经验,为日后自己单独处理好问题奠定基础。

其次,妻子还要培养自己的自信心和独立意识。要明白过分依赖不是在加深或巩固丈夫对自己的爱情,而是在削弱自己在丈夫面前的吸引力,是在摧毁爱情。同时要加强自身修养,培养良好的生活习惯。

再次,作为妻子,要有勇气按照自己的愿望、意志行事,不要总是违心地讨好丈夫,而失去自我。遇事要自有主张,而不是看着丈夫的眼色行事。要知道,真正生活的实质在于独立,只有独立才会受到别人(包括丈夫)的尊敬。那些敢于独立思考,独立行事,并获得成功的人,才是最令人钦佩的。

总之,女人要时刻记住男人只是自己生命中的一部分,不要过分地依赖于男人。

第九章 >>> **完美无瑕**
　　　　聪明女人要走出处世误区

建立在金钱上的友谊不可靠

在生活中,常见到一些自认为可以与朋友同生共死,因而"有衣同穿,有钱同用",亲密得让人看了眼红。其实朋友之间,礼尚往来,互赠物品,或者在适当的时候,一起吃饭喝酒等,也是情理中的事。但如果认为"好朋友在经济上可以不分你我",那就大错特错了。

谢明跟铁哥们儿张林闹翻了! 起因是张林抱怨两人在一起总是他花钱。谢明和张林从初中到大学都是好朋友,刚毕业时两人又在一起合租房子,那时两人发了工资就随手放到客厅的柜子里,谁想用就自己去拿,从来不分你我,两人戏称这种情况是"小共产主义"。后来由于工作调动,两人各自租了房子,但感情却没变,谁缺钱了只要说一声,几百块钱就送过去,从来也不记账。年初的时候,张林交了个女朋友,花费大了起来,常向谢明拿钱,谢明渐渐地就有点不高兴。有一次张林又要借一千,谢明拒绝了他。张林就很生气,他跟别人说:"这么多年了,这小子不知道跟我拿了多少钱,一起吃喝都是我付账,没想到他翻脸就不认人了!"谢明也很生气:"他花了多少钱? 上次他妈妈住院,不是我送去了五千吗? 刚毕业时我挣得比他多一倍,那些钱都让谁花了?"于是两人大吵了一架,从此谁也不理谁了!

俗话说得好:"交义不交财,交财两不来;要想朋友好,银钱少打扰。"把友谊建筑在金钱的基础上,就像把大楼建在沙滩上一样,是极不牢靠的,而且严格说这种友谊也算不上真正的友谊。如果朋友交往中像谢明和张林这样,经济上长期不分你我,那么必然会带来很多恶果。

首先,会使友谊变质,使纯洁的友谊蒙上金钱拜物主义和物质至上主义的灰尘。天长日久,相互之间的平等关系会变成经济上的依附关系。

其次,由于物质至上主义的侵入,朋友之间平等的关系还会被金钱交换关系所代替。经济上的不分你我,就会演变成不讲原则,不分是非。

最后,因为受金钱腐蚀,"以财交友,财尽则交绝",最终会使友谊不复存在。比如张林便因为谢明不再借钱给他而与谢明一拍两散。

但是朋友之间,免不了要牵涉到经济问题。

比如,请客吃饭。这是一个礼尚往来的事情,朋友之间为了增进友谊,加深了解,一起吃吃饭、娱乐娱乐都是很正常的。甚至一起出去旅游,尤其年轻人喜欢结伴旅游。这种情况下,一定要表现得大方一点,因为没有人愿意同小气的朋友来往,互相算计的友谊是长久不了的。当然,现在都很时兴AA制,一副亲兄弟明算账的架势,这样最能获得大家的认可。但要注意的是,有些人不喜欢AA制,觉得这样疏远了感情,那么就要事先沟通好,要将AA制的形式提前提出来,然后才能执行。

再比如,婚丧嫁娶。这是具有中国特色的人情礼。曾经有媒体反映,中国家庭一个月的人情礼钱就要高出平均收入,这在外国人看来是不可思议的,也许这就代表了"礼仪之邦"的特点吧。遇到红白喜事,作为朋友、亲戚、同事,都要表表心意,尤其是朋友,随着关系的远近还会轻重有别。所以,朋友之间既然免不了这个俗,就一定要把握好这个度。首先是不能超出自己的经济承受水平,量入为出;其次要考虑到对方的经济条件,因为中国人都知道这些人情礼都是要还的,礼送得太重,就等于给朋友加上了包袱,这样做也是很不合适的。

再有就是借钱。这个问题向来是很敏感的,朋友之间,往往是一方不好意思开口,另一方则不好意思拒绝。处理这个问题,作为借钱的一方,开口前要想到,能否想出别的办法,向银行贷款什么的;对方的实力如何,借钱给自己是否有难处;自己的还款能力怎么样,可以向对方承诺多长时间内一定还清(承诺了就一定要兑现,否则就没有下次的机会了)。而借钱出去的朋友,一旦朋友开了口,碍于面子又不好拒绝,而除非真的是大款,否则在自己

第九章 >>> **完美无瑕**
聪明女人要走出处世误区

的能力范围之内借钱给别人还真是比较为难,那么,你就应该想好了:首先这个朋友是不是讲信用,再好的朋友也应该有道德约束,品质不好的人本身就不值得你为借不借钱给他而发愁;然后是自己的实力,是否真有这样一笔闲钱,还是要从自己的开支中省出,如果是省出来的钱借给别人,就要问问自己愿不愿意,还要考虑家人的感受;还有,考虑对方的还钱能力是尤为重要的,自己辛辛苦苦挣来的钱当然要花在刀刃上,有去无回的借钱是绝对不能忍受的。如果朋友已经犯过一次这样的错误,绝对不要再给他第二次骗你的机会,借钱不还的人终归是没有信用、不值得一交的朋友。

应该肯定,朋友之间经济上的帮助是应该的,也是无私的,不图对方报偿的。但这只是事情的一个方面,另一个方面,应该明白,帮助从来是相互的,即使被帮助的一方无力对等地给朋友以相应的帮助,但也要心中有数,记住"来而不往非礼也"的古训,当有机会对朋友的帮助进行报答时,一定要及时报答,使这种物质上的来往大体保持平衡。当在朋友之间正在产生较大的经济利益关系时,则不要忘记"好朋友还需明算账",采取适当的方法,互相尊重对方的权益,商妥处理相互经济利益关系的原则和方法,把权利、义务关系弄清楚。这样做,看似无情,实则有义,"买是买,送是送",可以避免许多无益而有害的纠纷,使友谊更加牢固。

不可因家庭而忽略朋友

在生活中谁都不能缺少朋友,许多时候,朋友之间的关心、帮助、体贴胜过兄妹,胜过夫妻。问题是,相当一部分人,尤其是女性朋友,一旦有了爱情与家庭,便全心全意地投入,与过去的朋友就明显地疏远,对深深浅浅的友情也不那么爱惜了。她们借口是:"哎呀,太忙了。"忙确实是真忙,她们情不自禁地沉湎于小家庭的欢乐,对朋友,对那些友情,有点顾不得了,似乎有无都无关紧要了。其实,交友不仅是一种感情的交流,还是生活的重要扩充。我们每个人都有一定的局限性,生活的环境、生活的内容、生活的经历都被内外的因素规划了,圈定了,由此,我们的视野、见地、经验、心胸,便容易为这种规划与圈定所限制,只能狭小、只能浅薄、只能片面。比较而言,男人比女人博大些,他们有更广泛的兴趣,更注重对外部世界的关注,更多一点探索与冒险精神;而女性朋友如果有了爱情与家庭之后,连朋友的交往热情都减退得一干二净,那么,她们的生活、胸怀只能一天天的更窄更小,而许多悲剧的产生就源于"更窄、更小"的缘故。

但是,在悲剧未发生之前,她们不以为然,而悲剧发生了,她们也认识不到,这正是"更窄、更小"的潜移默化的意识在作怪。当然,不排斥要对爱情专注、对家庭负责。可是,专注不等于放弃其他的一切感情;负责不意味着要疏忽其他的一切关系。她们自以为一味地专注了,负责了,就能看牢幸福、维护家庭、守住生活。生活却偏偏不是看得牢、守得住的。生活需要变化,需要丰富,需要更新。一成不变的"守",固步自封的"看",只能使生活一天天地平淡、贫乏、平庸。结果,虽然存在着家庭的形式,而家庭的内容与生命必将趋于萎缩。所以,女人结了婚,千万不要排斥掉自己婚前的一切,更不要丢掉自己结婚前的那些朋友。保持自己的情趣,保持自己的爱好,保持自己的社交活动,保持自己除爱情以外的一切感情联系,是丰富自己、更新自己、完善自己的很好的方法。只有这样不断地丰富、更新、变化与完善,家庭生活才有色彩,爱情和幸福才能保持得长久。

第十章

柔弱而不软弱，聪明女人要坚守处世原则

提防暗箭，处理好同事关系
办公室里的"降妖伏魔术"
别掺和是非，以防给人当枪使
撒娇是女人的独门暗器
让上司的邪念变敬重

提防暗箭，处理好同事关系

姚丽在一家广告公司当客户主任，组内共有六名下属。起初，与其他组的同事或同级职员关系良好，有说有笑，但当她渐渐融入这公司时，便发觉这儿的办公室文化是"搞山头主义，只看成果，不重道德"。不久，老板搞了许多小动作，要求各组互相竞争，促进营业额。自此，组与组之间的关系趋向紧张，尽管大家表面上看来相安无事。有时候，姚丽路过他们身边，他们本来是在交谈的会忽然静了下来。她的下属也曾对她说，别组有些同事会向她组的新同事探口气，刺探情报。曾经，他们组找到一位目标客户，别组同事不知何故竟然也找上这位客户，并游说对方与他们合作："大家同一家公司，同哪边合作都一样啦。"最过分的一次，姚丽无意中发现有人在翻看她桌上的文件，而那人居然狡辩说想借文具而已。

姚丽还曾经接到一个大项目，但因组里人手不足，曾向老板提出请别组同事帮忙，最终因不协调而闹出不少风波。她事后检讨，可能是两组人合作前未清楚划分各人的权责，也可能是被人利用为搞办公室斗争的机会。

像姚丽这样苦于办公室明争暗斗的职场女人恐怕不在少数，这就需要做一个有"心计"的女人，以求在职场与同事和平共处。

曾经有人说，人是一切社会关系的总和。从人性的角度看，大多数人都有个性自主、被尊重、被赞美、交友和群体归属感等高层次需求。同事之间

第十章 >>> 柔弱而不软弱
聪明女人要坚守处世原则

在考虑上述特性的同时,还应牢记:双方是平等的个体。聪明的女人要处理好同事关系,保护自己的幸福,以下做法值得借鉴:

(1)忌向对方采用指令性强的言词和行为,多用建议性、协商性的言词和行为。

(2)忌自作主张,替别人做决定,哪怕是针尖大的事。多让别人感到是他自己在决策,哪怕结果与自己预料的相同。

(3)古语云:礼多人不怪。只要别人出于好意,即使结果不如预期的那样,也要用"谢谢"代替责备。

(4)不要舍不得肯定别人,公开场合少发一点过激的指责。即使对方有过错或者方法欠佳,也可以用建议代替指责,使人保全自尊或面子。

(5)学会谢绝别人并宽容地对待别人的拒绝。先感谢或道歉,后婉言谢绝。被拒绝时,也应坦然,每个人都是自主和独立的,不可能完全同步。

(6)给予越多,获得越多。一般而言,主动帮助他人,大都会在自己陷入困境时获得帮助。

(7)既有合作又有竞争。很多人往往在竞争面前损伤了过去的良好关系。设法营造公开竞争的氛围。公开化和透明度越高,就越能取得他人的信服、谅解和支持。

(8)作为润滑剂,善意的小玩笑和游戏,以及轻松的闲聊能使同事之间的关系变得相对融洽。

将以上谋略融会贯通,有"心计"的你不论以后遇上任何明枪暗箭,都将无往而不胜。

办公室里的"降妖伏魔术"

偶然听到有人说,办公室里有妖魔鬼怪,猛听起来有些耸人听闻。其实这是真的,就是大家常说的办公室小人,他们虽然表面都是衣冠楚楚、风度翩翩的俊男靓女,但是他们青面獠牙的牛头马面,更危险、更可怕。作为一名职场女性,要用点"心计"处处设防,以防备自己的幸福被那些办公室小人破坏。

听听刘梅的"降妖伏魔术"吧,也许对你有所启发。

刚毕业时,刘梅恨不得立即成为女强人,所以干起活来格外卖劲。顺利通过试用期后,刘梅与姚娟一起分到了一家大型国企的人事部,因为她们年龄相仿,所以很快成了好朋友。在工作上她们也是无话不说。

可是没想到,后来刘梅竟成为姚娟升职的垫脚石。

一年多的"友好"相处,姚娟精心地搜集各种"有利证据",比如刘梅某月某日说经理的新衣服不好看,姚娟都会在"适当"的时刻"不经意"地说给经理听。

后来,当刘梅得知经理为什么对她的印象那么差的时候,她发现自己被出卖了。当时她很愤怒,但经过深思熟虑之后,她坚决辞职了。

经过这一次,刘梅对"防人之心不可无"可谓大彻大悟。以后再碰到这种人她都会敬而远之,而且她也不轻易在办公室里谈论自己或其他人的闲事了,祸从口出嘛。

经过3个月若干次的面试、笔试,她考入了一家向往已久的外企公司。在她的想象中,外企应该是人人平等,公平竞争的地方。

第十章 >>> 柔弱而不软弱
聪明女人要坚守处世原则

刚进入公司时,由于优越的工作条件、上司的公正以及同事间的和睦相处,她工作得很开心也很用心。由于工作表现突出,很快就得到赏识,从部门秘书晋升到执行秘书。

原来的执行秘书张小姐由于工作不够卖力,被调到行政部门做文员。可是,张小姐不愿意放弃原先的职位,并且认为刘梅是新来的,不应该接替她的工作。她便拖延时间,不与刘梅办交接手续。在没有办法的情况下,刘梅就据实向上司做了汇报,上司为她们的交接工作重新做了硬性安排,这样,张小姐不得不放弃原来的想法,勉强做了交接工作。

像张小姐这样的人一般都欺软怕硬,如果他们做得不是太过火,你大可不必去理他们,但是适当的时候,你也应该反击一下。

刘梅的职业生涯已经有7年了,从事业单位到外资企业,一共换了4个单位,随着"降妖伏魔"经历的不断增长,她也得出了不少经验:

首先,小人算计我们主要是因为他们意识到自身实力的薄弱,我们对他已经构成威胁,因而从嫉妒发展到做一些有悖常理的事情。所以,我们应确立自己的信心——不是我做错了,而是"红颜遭嫉"罢了。

其次,对待不同的小人要使用不同的策略。

对待阴险型的小人,要以预防为主,处处留心,别让他钻了空子。这部分人有点像披着羊皮的狼,他们会在赞美你的同时,来谋划如何利用你。如果对方势力强大又小人得志,最好敬而远之。

对待欺生型的小人,躲避的同时可以先声夺人。欺生的人往往虚张声势,其实并没有多大的能耐,只要不招惹他就不会有火山迸发。但迫不得已也可以先发制人地教训他一下,以后他就不敢再欺负人了。

对待搬弄是非的小人,不用理会。他们的话也不必当真,如果是十分恶劣的诋毁,并且影响到了你的声誉,就必须澄清事实,必要时还可以在上司面前对质。

其实,小人随处都有,聪明的女人只要抱着一种积极的态度,加强自身的实力,应对有方,这样就不会被小人钻了空子,占了便宜。

别掺和是非，以防给人当枪使

当下，职场就如战场，有"心计"的女人要懂方圆之术。既不能得罪上司，也不能伤了与同事之间的和气，最好的方法就是不掺和其间的是非，否则就会跌入烦恼的死胡同。

在职场上，同事之间存在竞争的利害关系。追求工作成绩和报酬，希望赢得上司的好感，获得升迁，以及其他种种利害冲突，使得同事之间不可避免地存在着一种竞争关系。而这种竞争往往又不是一种单纯的真刀实枪的实力的较量，而是掺杂了个人感情、好恶、与上司的关系等等复杂因素。表面上大家同心同德，和和气气，内心里却可能各打各的算盘。

同事之间传播流言飞语，是带有很大危害性的，它能蒙蔽一些人，导致人们作出错误的判断和决定。

有位女孩叫洁，有一天，她受到上司王科长的热情邀请，一同前往公司附近的咖啡厅里喝咖啡。

他们坐在咖啡厅里，一边喝咖啡，一边天南海北地闲聊起来，不知不觉，话题开始扯到了洁的同事李小姐。

"啊，李小姐吗？她好漂亮啊！经常穿着时髦的衣服，真叫人羡慕。"

"那是当然啰，因为李小姐领的是高薪！"王科长突然道出原委。

原来，这家公司采取的是年薪制，每个职工的年薪是根据每人的工作表现、与公司签订的合同而有所区别的。这点洁自然也清楚，但她一直认为同事间的差别不应该太大，现在突然从王科长口里听说李小姐的工资很高，自然心里不太舒服。她问道："会差那么多吗？"

"是呀，比你的年薪多上两万元呢！"王科长说得更具体了。

第十章 >>> 柔弱而不软弱
聪明女人要坚守处世原则

第二天,洁便把这件事告诉了她的同事们,大家听了当然不服气,于是,就开始嘲笑起"高工资"的李小姐来,甚至不同她来往,将她孤立了起来。这样,李小姐不得已只好辞去了工作。

事实上,李小姐的年薪与洁相差不大,只是因为李小姐曾经向科长提过意见,以致科长怀恨在心,所以就想出了这么一个诡计,借洁的嘴孤立李小姐,最后将她逼走。

等到洁知道事情的真相后,已为时太晚,因为自己已被人家利用,当枪使了。不仅如此,洁还得了一个散布流言飞语的坏女人的恶名。

在职场中,像上文中的洁那样被人当枪使的事情很多,在上班族漫长的岁月中,免不了会遇到出卖、敌意、中伤等等意想不到的事情,犹如设在你面前的一个个陷阱。如果事先预料这些事的发生,并一一克服,便能顺利躲过了。

遇上人事问题,你最好别掺和是非,态度保持中立。

例如有别的主管犯了大错,公司的老板大为震惊,又开会又讨论的,而且老板还可能私下召见你,问你各方面的意见,就是其他部门主管(受牵连的与不受牵连的),也有可能找你倾谈。这种情况,你都不能够一一回避,你还需好好的面对。

老板一定牢骚甚多,指责某人做事不力,某人又能力欠佳,目的只有一个,就是要看你和哪方面关系良好。你不轻易表态,最好是这样,既保护了自己,又没有伤害别人。

至于其他同事,找你无非是探口风或想见风使舵,这类人也是得罪不得,尽可能模棱两可,以防被出卖。

要想不掉进陷阱,不被他人当枪使,上面说的中立态度确实很重要。

若你因公事与某同事一起出差,对方突然问你:"你跟拍档间似乎有很大的问题存在,你如何面对呢?"你一直觉得与拍档相处融洽,公事上大家都很合作,私人间也是客客气气的,何来问题呢?

冷静一点,世事难料,这当中可能发生了不少问题,有直接的,有间接的,总之不简单。

就算你和拍档之间真有什么问题存在表面上,你也必须表现得落落大方,微笑一下,反问对方:"你看到了什么?"或者"你听到了什么?"对方必然是支吾以对,你可以继续说下去:"我们一直相处得好好的,我从不察觉到有什么问题,亦不会因公事发生过不愉快事件!"这个说法,可收到很好的效果。

若对方是有心挑拨,或试图获取情报,你的一番话就没有半点线索可让他得到,间接地还拆穿了他。对方要是真的要透过某些蛛丝马迹,或小道消息,希望明白一下而已,你的表现,也就等于怪他过敏了。

不过,很多事情并不如表面那样简单,背后可能有不可告人的目的,真正有"心计"的女人都是办公室里的政治家,她们能绕过陷阱,不会遭人暗算。

撒娇是女人的独门暗器

撒娇是女人的专利。会撒娇的女人,你的丈夫会更喜欢你。

两个人共同生活在一起,难免产生摩擦,特别是遇到困难时男人会脾气暴躁,怒火一触即发。这时候千万不要火上浇油,而是要温言软语,先让他熄火。事实证明,在跟男人的冲突中,聪明的女人都能明白柔能克刚的道理,只有愚蠢的女人才会选择针锋相对。一个喜怒无常,经常像斗牛士一样怒发冲冠的女人是令人恐惧的。

马大娘自从老伴去世后,含辛茹苦地拉扯着两个儿子——马钢和马铁。眼瞅着马氏兄弟都长成了五大三粗的小伙子,马大娘打心眼里高兴。去年春,大儿子马钢娶了媳妇,二儿子马铁也谈上了对象,马大娘心里高兴了,苦

第十章 >>> 柔弱而不软弱
聪明女人要坚守处世原则

日子终于熬到了头,这下该安度晚年啦。谁知,儿子却没有让老人家晚年平安。马钢结婚时间不长,新房里便时常发生一些"战事"。马钢打小就性如烈火,谁知他的妻子也很厉害,本来一件小事,丈夫不冷静,妻子也不忍让,针尖对麦芒,每次都是越吵越凶,到最后总酿成一场场恶战。马钢夫妇"战事"不断,感情渐伤,双方都觉得再也难以过下去,只好办了离婚,各奔前程了。

转眼又是一年,马铁也热热闹闹地把新媳妇娶回了家,马大娘却又担上了心。当娘的最了解儿子,马铁的脾气可不比他哥哥强多少,也是动不动就吹胡子瞪眼,弄不好就抡拳头。马大娘密切注意着这对新婚燕尔的年轻夫妻,随时准备着去排解"战争"。这一天终于来了。不知为什么,马铁扯着牛嗓子对妻子大喊大叫。马大娘闻听"警报",立即闯进了小两口的房间。马大娘看到,马铁黑着脸,拳头已高高举起。"浑小子,你——"马大娘话还没说完,却见二儿媳一不躲,二不闪,冲着丈夫柔情蜜意地一笑,娇滴滴地说:"要打你就打吧,打是亲,骂是爱嘛。可就别打得太重了。"这下可好,马铁不但收回了高举的拳头,连虎着的脸也被逗了个"满园桃花开"。可能发生的一场风波顿时平息了,马大娘被儿媳那股撒娇样儿逗得差点笑岔了气。日子一天天过去,马大娘发现二儿子发脾气举拳头的时候几乎不见了。后来,二儿子对她说:"妈,我算服了她了,还是她厉害,有涵养。"马大娘也由衷佩服这个懂得"撒娇艺术"的儿媳妇了。

撒娇艺术,其实就是古代兵法上"以柔克刚"的艺术。老子认为"柔弱胜刚强",他说:"天下柔弱莫过于水,而攻坚强者莫之能胜,以其无以易之。"这句话的意思是说,天下没有比水更柔弱的东西了,但是任何坚强的东西也抵挡不住它,因为没有什么可以改变它柔弱的力量。恰当运用"柔",任何坚强的东西都会为之融化。巧妙地运用撒娇,就等于为婚姻安上了一个安全阀门。

也许有的妻子听了这个观点很不服气:"夫妻平等,谁都有个自尊心,难道让我屈服在辱骂与拳头之下,还要赔笑脸?我可不能服这个软!"要是这样理解可就错了。妻子给丈夫一个笑脸,一句幽默话,绝不是软弱的表现,而恰恰能显示出一个为人妻者的智慧、修养、气质和涵养。面对这样的妻子,只要不是那种压根儿没有人性、理性或对你根本没有感情的丈夫,相信谁都会在这种大家风范面前败下阵来而自惭形秽,并在这种潜移默化的熏陶中受到影响,自觉纠正自己的偏激性格和行为。

巧用撒娇艺术,确实是夫妻交往中消除隔阂、增进了解、陶冶性情、加强涵养的具有实用价值的好办法。做妻子的,当丈夫发脾气时,不妨试试这招撒娇绝技;当你的丈夫心情郁闷时,不妨打打这支女人特有的独门暗器,这对增进夫妻之间的感情,肯定会大有益处。为人妻者请牢记:撒娇是对付老公的重要法宝。

让上司的邪念变敬重

当上司频频邀你外出的时候,即使他真的没有非分之想,你也要小心注意了,因为这说明以后的日子里他很快就要有所行动了。

叶小姐在一家规模很大的医药公司做销售。这是一份极具挑战性的工作,无论在与人的沟通、对专业知识的掌握、对市场的把握,还是在体力的支配上,都要承受不同寻常的考验。叶小姐常常是几个小时前还在约见客户,几个小时后就飞到别的城市了。在公司,每个人的销售业绩都是公开的,当你总是完不成公司定额的时候,你会感到有一种无形的压力。当你承受住了这种压力,让自己的业绩一直在节节攀升时,会因此受顶头上司、销售部经理或老板的青睐。

第十章 >>> 柔弱而不软弱
聪明女人要坚守处世原则

叶小姐刚进公司时,就碰上了一个对公司来说相当重要的国外大客户。谈判一开始,对方就拿来一些国际惯例跟她谈。由于双方文化背景、思维方式、运作方法的不同,谈判很快进入了僵局。但是叶小姐绝不轻言放弃,她一遍又一遍地研究对方,一星期下来,谈判终于成功了。叶小姐欣然接受了老板出去吃饭的邀请,"我当时的高兴劲儿真可以用眉飞色舞来形容。在上司面前也顾不上矜持,吃过饭,他邀我去跳舞,我也毫不犹豫地就答应了。"以后老板便经常请叶小姐吃饭,打保龄球、桌球、壁球,多半是借口庆祝叶小姐的出色表现和业绩。有时叶小姐并不想去,但看到他那诚恳的眼神,又想想他是自己的上级,就不好意思拒绝了。而老板每次出差还都为她带回些别致的小礼物,这当然逃不过外人的眼睛。

一来二去,难免有人在背后议论叶小姐和她的上司,这其中不乏对叶小姐的出色表现心怀妒忌者。老板听后淡淡一笑,叶小姐却苦恼不已。相恋两年的男友听到传闻后深信不疑(因那段时间叶小姐时常晚归和失约),他揣测好强的叶小姐一定是利用了上司才做出那么骄人的成绩的。叶小姐怎么解释他也听不进去,而老板眼神里的暧昧也是叶小姐一想起来就烦恼的。其实,许多白领女性经常遇到这种情况,那么怎么办呢?要学会拒绝,要掌握说不的艺术。

微笑是最好的回答。当你遇到一个需要立即表示否定的问题时,微笑是说不的最好方式。林小姐的上司约她去吃晚餐,林小姐没有直接回答,只是微笑着做欲言又止状。"你有约会啦?"上司惴惴地问。林小姐微笑着点点头。"哦,真对不起!"双方在微笑中达成了默契,并没有留下令人尴尬的印象。

幽默,是说不的绝妙方式。小宁是一位活泼可爱的女孩,很受大家的喜爱。她同大家都保持着一份纯真的友情,而其上司却对小宁一往情深。在一个月色迷人的夜晚,俩人坐在露天咖啡馆的圆桌旁,品着浓香沁人的咖啡,上司突然双手握住小宁的手,激动地说:"你愿意做我的女朋友吗?"小宁马上反应过来,浅浅地一笑说:"我难道不是你的'女朋友'吗?"上司惊讶地望着她。小宁说:"我们是朋友,而我又是女孩子,我当然是你的'女朋友'啦。"上司立即明白了小宁话里的含意,放开她的手说:"是哦,你就是我的'女朋友'。"

作为女人,无论什么时候都要有自己的原则,才有可能让上司的邪念变敬重。

第十一章

不是教你使诈！聪明女人要懂得处世智慧

与同事保持适当的距离
与对手相拥，让你游刃职场
多放人情债，建立好人缘
如何与不同的上司搞好关系
多给男人一些私人空间
夫妻之道，依恋而不依赖
舌头多抹蜜，婆婆不挑剔

与同事保持适当的距离

有句话说得好,距离产生美。不要认为人与人之间的距离越近,关系就越好。作为女性,在办公室里与同事相处,太远了当然不好,人家会认为你不合群、孤僻、不易交往;太近了也不好,容易让别人说闲话,而且也容易令上司误解,认定你是在搞小圈子。所以说,若即若离的同事关系,才是最难得和最理想的。

虽有人说"好朋友最好不要在工作上合作",但大家都是在外面求发展,聚在一起工作并不奇怪。如果某天,公司来了一位新同事,他不是别人,正是你的好友,而且,他将会成为你的搭档。上司将他交托与你,你首先要做的便是向他介绍公司的架构、分工和其他制度。

总之,大前提是要做到公私分明。记着,在公司里,他是你的搭档,你俩必须忠诚合作,才可以创造良好的工作效果。假如他是新人,许多地方是需要你提示的,这时你就是扮演老师的角色,当然切记不能颐指气使,更不应倚老卖老引他人反感。

私底下,你俩十分了解对方,也很关心对方,但这些最好在下班后再表现吧!跟往常一样,你俩可以一起去逛街、闲谈、买东西、打球,完全没有分别。只是,奉劝你一句,闲暇时,以少提公事为妙,难道你一天八小时工作还不够吗?

第十一章 >>> 不是教你使诈
聪明女人要懂得处世智慧

矛盾通常是在交往中形成的。只有互不往来的人才有可能没有矛盾。事实上，如果你与同事相处太密切，可能越容易出现意见不合的情况，那么就越有可能产生矛盾。与同事过度亲近会碰到很多繁琐的生活小节，而自己总会有做得不够圆满的地方。要知道对于一个人的优点别人也许不会太过留意，但是对于别人的缺点却印象深刻。因而你一旦有做得不够完美的地方，只会容易让你的同事厌倦。另外，每一个人都不是圣人，都有弱点，有能力不足的时候，在你与同事频繁的接触中，你性格上的弱点和能力的不足也被同事早就摸透了。对同事来说，你就像一张透明的底片，一览无余地暴露在他的眼皮之下。所以，在与同事交往过程中，要保持一定的距离，该方则方，该圆则圆。

假如你平时一直都努力不懈地工作，在短短的几年间，步步高升，事业可以说是一帆风顺。有几位跟你一同起步的同事，限于能力和机遇，至今仍保持多年前的原状。这时如果处理不好与他们的关系，工作中就可能出现不合作的事情。所以，作为提升者的你，尤其要注意这种特殊时期的"上下级"关系。

1. 不能摆任何架子

提升前毕竟曾与同事们一起玩，一起就餐，一起谈天说地，所以提升后不能显出高人一等的样子。在工作中尽量用商议的口气，如"你看，这样办是不是更好"，生活中尽可能嘘寒问暖。这样做同事们不但不会因此小看你，而且，还会产生佩服之情，心甘情愿地让你领导。只有这样，你的工作才能在他们的支持下顺利进展。

2. 不搞暗箱操作

当与同事们意见不一致，不能达成共识时，也要摒弃那种背后操作的不明智的做法，可以把引起争议的敏感问题巧妙地让大家讨论，看看同事的结论与自己的意见究竟不同在哪个环节上，让同事们产生"大家参与，备受重视"的感觉,再努力诱导同事们去实现自己决定的事情。

3. 荣誉要让同事,过失自己来扛

工作中一旦有了成绩,要懂得利益共享的原则。虽然上级领导会把功劳归结到你"领导有方"上面,但真正实干苦干的则是下属。所以,在分配奖金、住房、提薪等问题上,要与对工作的贡献相挂钩,让你的部下感到乐意在你这儿"当兵"。但当工作有了问题时,做领导的就应该主动担当。这样,同事们的积极性才能被充分调动起来,才不会产生对你的不满。见荣誉让、见问题上,你自然就会得到昔日同事们的拥戴和赞扬。

还有就是永远不要在背后说人长短。比较小气和好奇心重的人,聚在一起就难免说东家长西家短,成熟的你切忌加入他们一伙。偶尔批评或调侃一些公司以外的人,倒是无伤大雅,但对同事的弱点或私事,保持沉默才是聪明的做法。记住,搞小圈子,有害无益。公私分明亦是重要的一点。同事众多,总有一两个跟你特别投缘,私底下成了好朋友也说不定。但无论你职位比他高或低,都不能因为要好这原因,而作出偏袒或恃势。一个公私不分的人,是做不了大事的。更何况,无论是谁都不会喜欢这类人,因为他们不值得去信赖。

人之所以能够从世间的万事万物中感受到和谐之美,全在于他与别人之间保持适当的距离。而与同事交往更应注意保持心理上的安全距离。

总之,只有和同事们保持合适距离,才能成为一个真正受欢迎的人。

第十一章 >>> **不是教你使诈**
　　　　　　聪明女人要懂得处世智慧

与对手相拥,让你游刃职场

　　女人行走职场,难免会有一些磕磕碰碰,难免会碰到令自己不愉快的人。虽然可以发泄一番,但往往会因此得罪人,无意间为自己树敌。要想做一个人脉高手,就应该像《圣经》上说的那样"爱你的对手"。

　　排斥对手对事情没有一点帮助,弄得不好还会两败俱伤。相反,如果抱着欣赏对手的心态,则可能赢得人心。人与人之间肯用真心交流,就会增进了解,消除隔阂。使对手变成你的朋友,不是更有利于你的成功吗?

　　不肯欣赏对手的人,实在是很不幸的。在正常条件下,欣赏对手能发挥极大效果,它会给你带来幸福、友谊,乃至成功。

　　当你树立了一个对手的时候,你所得到的将不只是一个对手,你在精神上所受到的威胁将十倍百倍于他实际上给你的威胁。

　　当你用高尚的人格感动了一个对手使他成为你的朋友的时候,你所得到的也将不只是一个朋友,你在精神上所感受的欢乐和轻松也将十倍百倍于他实际上所给你的。

　　首先来看看一个人"报仇"所需要的投资。

　　精神的投资。每天计划"报仇"这种事,需要花费无数精力,想到切齿处,情绪心神的剧烈波动,很有可能影响身体的健康。

　　财力的投资。有人为了"报仇"而投入了一辈子的事业,大有"玉石俱焚"的味道,就算不放下一辈子的事业,也得花费不少的财力做报仇的部署。

　　时间的投资。有些"仇"不是说报就能报,三年、五年、八年、十年,甚至二十年、四十年都可能报不成,就算仇报了,自己也已经鬓发斑白。

一个成熟的、有智慧的女人懂得掂量轻重，知道什么事对她有意义、有价值，"报仇"这件事尽管可消"心头之恨"，但"心头之恨"消了，却极有可能迷失了自己，所以"君子"有仇可以不报。

人和动物在有些方面是不同的，动物的所有行为都依照本性而发，属于自然的反应；但人不同，经过思索，人可以依照当时需要，作出各种不同的行为选择，例如：学会爱你的对手。

一位动物学家对生活在非洲大草原奥兰治河两岸的羚羊群进行过研究。他发现东岸羚羊的繁殖能力比西岸的强，奔跑速度也要比西岸的快。而这些羚羊的生存环境和属类都是相同的，饲料来源也一样。这是为什么呢？

于是，他在东西两岸各捉了10头羚羊，把它们分别送往对岸。结果，运到东岸的10头羚羊一年后繁殖到14头，运到西岸的10头羚羊只剩下3头，那7头全被狼吃了。

现在，你一定可以明白，东岸的羚羊之所以强健，是因为在它们附近生活着一个狼群，西岸的羚羊之所以弱小，正是因为缺少了这么一群天敌。

没有天敌的动物往往最先灭绝，有天敌的动物则会逐渐繁衍壮大。大自然中的这一现象在人类社会也同样存在。

对手的力量会让一个人发挥出巨大的潜能，创造出惊人的成绩。尤其是当对手强大到足以威胁到你的生命的时候，对手就在你身后，你一刻不努力，你的生活就会有万分的惊险和困难。

在你的人生中，一定会遇到各种各样的对手，你可以想象，但不必担心。因为对手是一把双刃剑，可能对你造成威胁，但也可能成为你进取的动力。你一定听到过"死于安乐"这句话。

在现实生活中，你没有必要憎恨自己的对手。若深入思考一下，你也许会发现，真正促使你成功的、激励你昂首阔步的不是顺境和优裕，不是朋友和亲人，而是那些常常可以置你于死地的打击和挫折，甚至是死神。

在日常生活中，许多人都犯了这样一个致命的错误：总是诅咒我们的对

第十一章 >>> 不是教你使诈
聪明女人要懂得处世智慧

手,或者因为自己遇到了对手而失魂落魄。这恰恰错了,你应该为自己有一个对手甚至是强大的对手而庆幸,为自己遇到的艰难境况而庆幸,因为这正是你脱颖而出的机会。

爱你的对手,是件很难做到的事,因为绝大部分人看到对手都会咬牙切齿,都会有灭之而后快的冲动。即使环境不允许或没有能力消灭对方,至少也会保持一种冷漠的态度,甚至会说一些让对方不舒服的嘲讽话,可见要做到爱对手谈何容易。

正因为难,所以人的成就才有高低之分、大小之别。也就是说,能当众拥抱对手的人,他的成就往往比不能爱对手的人要非凡一些。

能爱自己的对手的人也就是站到了主动的地位,采取主动的人"制人而不受制于人"。采取主动,不仅仅迷惑了对方,使对方搞不明白你对他的态度,更迷惑了第三者,搞不明白你和对方到底是敌是友,甚至可能误认你们已"化敌为友"。可是,是敌是友,只有你才心知肚明,但你的主动,却使对方处于"接招"、"应战"的被动局面。如果对方不能够爱你,那么他将得到一个"心胸狭窄"之类的评语,两相比较,二人的分量不言自明。爱你的对手,可以在某种程度上降低对方对你的敌意,使你对对方的敌意不被恶化。换句话说,在为敌为友之间,留下了一条灰色地带,免得敌意鲜明,反而阻挡了你的去路与退路。

此外,你的行为也将使对方没有立场对你再进行任何攻击,他若不理睬你的拥抱而仍旧攻击你,那么此人必定会遭到众人谴责。

最重要的是,爱你的对手这个行为一旦做出来,久而久之必会成为习惯,让你和别人相处时,能够大度一些,容天下人、天下物,出入无碍,进退自如,而这恰恰是成就大事业的重要本钱。

所以,竞技场上比赛开始前,比赛双方都要握手敬礼或者拥抱,比赛后也要照样再来一次,这是最常见的当众拥抱你的竞争对手的方式。

多放人情债，建立好人缘

一个女人不可能凭借自己的力量去闯世界，即使是那些白手起家的有成就的女人，也需要借助众多的人的支持才能达到今日的业绩。问及她们成功的经验，都会对自己的讲求信誉和以诚经营而自豪不已。讲信誉，讲诚信，送给别人一个人情，表现自己的诚意，就会收到意想不到的回报。

你答应为别人做的事不要过多，因为你有可能不能一一兑现，一旦有一件事情落空，你就会不好交差。如果这样的事情发生两次、三次，你的形象就会在别人的心目中被人为地降低，认为你这个人做事不讲信誉。久而久之你的威信将会一扫而光，谁还会来尊重你，谁还会来帮助你呢？

自己能办到的事，不要让人帮忙，免得让人说你无能；答应别人办的事，也一定要尽力去完成，否则别人不但会认为你能力不够，还会觉得你没信用。别人愿意帮助你是一回事，你请求别人帮助你则又是另一回事。另外，你也不要非让别人做不愿意做的事情。即使他们按照你的意图做了，心里也一定很不痛快，当然也不会尊重你了。

以下几方面，你在平常生活中就应提醒自己做到。

1. 在别人需要帮助的时候，帮助他们

施恩不图报，不要因为要人感恩才去帮忙，要想到他们正在谷底需要援手。这个道理，也许再也没有比由詹姆斯·斯图尔德与唐纳·里德主演的经典名片《生活真美妙》中的例子更令人回味了。斯图尔德饰演的角色，因事业失败，想要自杀，因为人死后所获得的保险费还可以解救家人。最后他被过去在镇上他帮过的上百个人挽救了。因为他太太打了一个电话说"乔治需要帮忙",他们就来了,带着小额捐款,群集到他家。

2. 随时表现出你是个大方、积极乐观的人

当你站在紧闭的门前,你或许会发现,在你顺利时遇到的人,可能和失意时遇到的是同样一批人。那些在你顺利时受你帮助的人,也会在你需要他们的时候挺身出来帮你。

相反,如果你以消极、使人愤怒的态度拒人于千里之外,你就不能奢望在需要帮助的时候,他们会伸出援手,或为你引荐那些能帮你改善事业状况的人。你的做法和态度,正如你的能力一样,对你的良好表现非常重要。

3. 恩惠不论大小,都要表示感谢

对那些帮助你或试图帮你的人,不仅立即要说谢谢,更要保持联络,让他们知道由于他们的引导或观念而导致你的进步情况。知道自己施恩于人是件令人高兴的事——要以满足感来回报那些帮助你的人。

4. 不要以一句坏话或一顿吵闹来结束关系

以尖酸刻薄的话语将关系告终,不仅制造紧张的气氛,而且于事无补。况且,谁知道以后还会不会再同这个人打交道呢?在商业上尤其如此。炒你鱿鱼的那个人也许是迫不得已,也许出于无奈。如把愤怒发泄在这个人身上,只是增加大家对彼此的憎恶感。运用你的判断,而非任性,决定何时何地该不该发脾气。

5. 平常疏于联系时,不要意外地向别人提出要求

打电话给他们时,要准备邀请他们共进午餐,了解他们的生活近况。在某些特别的事情上面,提供你的援助,以报答他们花费的时间与恩惠。同时也准备一些特别的想法,介绍一些你认识的人或提点建议,以使他们的处境变得更好。试着找找彼此可以互惠的门路,而不是意外地向别人提出要求。

所以说在与人交往时，要多放人情债，多为别人想一些，尽量克服一时的情绪。也许你帮了别人一个很小的忙，你对别人多付出了一些体贴，但是体贴和关怀总是"润物细无声"，别人因此而记住了你，对你产生好感和感激，在你困难的时候，他们就会"涌泉相报"。

如何与不同的上司搞好关系

除了最高层领导外，每个职业女性都有上司。虽然你的工作完成得很好，你的业绩也不错，但你的上司却有可能不喜欢你。这是因为你只知道埋头做自己的工作，却不注意上司怎么看你。所以，不管你是什么样的职员，都要知道怎样让你的上司喜欢你，器重你，提拔你。

在人际交往中，要想赢得上司的好感，就必须时刻留意对方的兴趣、爱好，明白上司的意图，了解上司的心思，这样才能投其所好。然而，上司的意图往往捉摸不定，善逢迎者必须下工夫掌握上司的心意，揣摩上司的心理，然后尽量迎合他，满足他的欲望，甚至还能抢先一步，将上司想说而未说的话先说了，想办而未办的事先办了。自然，上司的回报也总是沉甸甸的。

对于有意成就一番事业的老板来说，总是思贤若渴、惜才如金的，对有培养前途、富有创意的职员总是关爱有加，倍加赞赏。因为这样的人才难以挖掘，正是"千军易得，一将难求"。当你遇到这样的"明主"后，你不妨尽量施展你的才华。

比如说，当你有一个新的提高效益的方法，就应该在适当的时机向你的上司提出，争取得到他的支持。如果你的上司说："各位，我们来研究一下工作流程是否可以改善一下。"严格说来，这样的话，不应该由你的上司来讲，而应该由你说出。所以每过一段时间，你应该想一下，工作流程有没有改善

第十一章 >>> 不是教你使诈
聪明女人要懂得处世智慧

的可能。如果这才是你所做的工作的专长,而你的上司不是,却由他提出了改善计划,想出了改善办法的话,你应该感到羞愧。

你敢说你的工作流程都很完善吗?事实上,任何一个工作流程都不是十全十美的,都有改善的可能。最糟糕的是大家都无所谓,安于现状,不对它进行改善。一个组织没有进步,重要的原因是这点做得不好。大家都不想改善,而你却做到了,你就同他人不一样,上司就会喜欢你,看重你。

在日常生活中,待人处世也应做到知己知彼,见什么人说什么话。对不同的上司运用不同的交际手段,随机应变,才能事事顺利。比如,在和上司相处时,就要根据上司的性格特点和好恶,对自己的为人处世方式作一些必要的修正,以便迅速赢得上司的好感,建立起一定的感情基础。在此基础上,上司才会有兴趣深入了解和考查你的才干,并使你"英雄有用武之地"。

李艳为人热情大方,很善于和各种各样的人打交道。在调到一个新单位后,她首先想到的是如何赢得上司的好感和赏识。在作了一番调查后,她得知上司为人保守,就毅然舍弃了长发、牛仔等时髦装扮,而以循规蹈矩的新形象出现在上司面前。

在初步赢得上司的好感后,李艳就想发挥自己热情、乐于助人、慷慨大方的优点,主动与上司交往,建立友谊。不料,上司为人孤僻多疑,喜欢独处,对李艳的热情颇不习惯。李艳碰了几次壁后,就决心改变策略,去顺应上司的性格特点,不再经常围着上司转。

后来,李艳发现上司有一个最大的爱好——打乒乓球,于是她就苦练了一段时间的球艺,然后频频在上司常去的一家俱乐部露面,并每次都是和上司在一起对阵、切磋球艺。此举果然奏效,在球来球往中上司渐渐放松了心理防卫,与李艳成为朋友。

经过一番交往,上司水到渠成地了解了李艳身上的优点和才干,在工作中对她予以重用。李艳投其所好,出色地把自己推销给上司,从而赢得了事业上的成功。

由此可见,投其所好,曲意逢迎不仅是一种做官的手段,更是一门高超

211

的做人手段。

相当一部分上司都喜欢以"婆婆"的姿态出现,事无巨细,他都要亲自过问,并插手去干预,他的一切言行就是命令,这样的上司实际上已到了过分专制的地步。

倘若你的上司是这种类型的人物,你一定会时常感到精神总是处于紧张状态,很难在工作中获得成就感。所以,你必须努力争取自己的权益,以真诚坦率的态度对上司说出心中的话,尝试以朋友挚诚相待,看看他究竟有什么忧虑,或是由于什么原因总是对下属缺乏信任。你应该相信,你的上司也是一个普普通通的人,很多时候也需要人家的肯定,肯定他的人生价值与成就。倘若他对任何一件事都表现出放心不下的态度,你就要尽量想办法让他感到安心,而最好的方法莫过于主动向他报告你的工作进展情况,让他对一切明了如镜。

上司的心中往往有些疑虑:下属每天好像都很忙,但又不知道他们在忙些什么。因而下属一定要主动报告自己的工作进度,让上司放心,不要等事情做完了再讲。有时小小的一点错误,发展到后面很有可能就会变得很大,所以最好早早地向上司汇报你的工作进度,一旦有错误,他可以及时地纠正你,避免犯大错误。

作为一个下属,你有多少次主动向上司报告你的工作进度?须知,经常地向上司报告,让上司知道你的工作进度,让他放心,才能让他继而对你产生好感。对上司来说,管理学上有句名言:下属对我们的报告永远少于我们的期望。可见,上司都是希望从下属那里得到更多的报告。

因此,下属越早养成这个习惯越好,相信你的上司一定会心情舒畅许多,对你再也不是那样虎视眈眈,你与上司的合作一定会渐趋于轻松愉快。

当然我们并不主张你整天去揣摩上司的意图,围着上司转,处处溜须拍马。但只要你仔细观察,摸清上司的性格特点,就可以用不同的方式跟他们搞好关系。

第十一章 >>> **不是教你使诈**
聪明女人要懂得处世智慧

多给男人一些私人空间

手里的沙子握得越紧,它流失得越快。夫妻之间也是一样,要让彼此有一个自由的空间,那会使你的婚姻生活更加完美。

男女恋爱时,有人说好的跟一个人似的,一天几十个电话不说,饭一起吃,路一起走,书一起看,形影相随,爱得死去活来轰轰烈烈,让人感动至深。可是,结婚后,男人就像换了一个人似的,结婚前答应每周看一次电影,现在一个月能看一次就不错了;答应下班和自己一块去逛商店的他,却和朋友喝酒到深夜,不催根本就不想回家;你精心准备了一天的晚饭,他回家吃上几口,心不在焉说几句"这个咸了,那个淡了,这个萝卜没洗干净,那个菜油太多了",吃完饭把碗一扔就去抽烟看球了;你总想跟他聊聊,谈谈他的工作,你的衣服,还有周末陪你回娘家的事,你刚说上两句他就直跟你嚷嚷。婚姻生活由浓浓的咖啡变成了毫无味道的白开水,你心里也在嘀咕:"他是否不再爱我了?他是否有别的女人了?"于是你盯得更紧了,嘘寒问暖事事操心,不过他好像更反感了。难道真应了那句:婚姻是爱情的坟墓?

事实上,男人忙完一天工作,交际应酬迎来送往,大多已经筋疲力尽了。回家好不容易想落个清静,彻底放松一下。这时,如果你再黏住他,心情不好是当然的了。同时,这爱情犹如橡皮筋,不能总是绷紧了不放松。爱情亦如人大脑的神经系统,时间长了一定是要歇一歇的。年轻男人步入婚姻后,既想保持恋爱时的浪漫和甜蜜,又想衣食无忧无牵无挂,实不知柴米油盐酱醋茶,样样要操心,而他操心完家里的事情更要操心工作上的事,难免觉得很疲惫。这时如果你再不分时机黏住他,后果可想而知了。况且,爱情不可

213

能总是处于巅峰状态,夫妻的爱情是一种平平淡淡的感情,当然,这种感情并不排斥高潮的出现。这时,女人最好能与男人保持一段距离,适当分别一阵子会更好。

这时,与男人保持一段距离的好处在于:夫妻的短暂分离使爱情暂时处于一种相对平静的环境中,如人疲惫后歇歇脚一样,歇一会,精力更充沛。爱情打个盹儿后,在双方各自的心中会形成对爱人的一股悠悠思念,好像男女回到了恋爱那时候。因而,爱情的形成亦需要更新,若总是如新婚前后那样形影相随,如胶似漆黏在一块,早晚两人就会产生倦怠心理的。尽管爱情是我们生活中的重要内容,但绝非唯一的内容。更多的时候,夫妻双方还承担更多的责任,要腾出精力来履行自己的义务,如照顾双方家里的老人,抚养后代,都要有个计划;同时,还要承担对社会的一份责任,为社会作出自己应有的贡献。总之,爱情是不能脱离生活的。

其实,婚姻中的男女,应该是独立的个体,拥有自由的私人空间,拥有自己的朋友、自己的爱好、自己的事业。不应该因过分依附于对方,而失去自我。在感性的爱情里也不要忘记留存一点理性的空间。不要试图去主宰什么,因为这世上没有任何一个人愿意成为他人的傀儡。有一个小故事很好地说明了这个道理:

一个女孩问她的母亲:"在婚姻里,我应该怎样把握爱情呢?"母亲没说什么,只是找来一捧沙,递到女儿面前。女儿看见那捧沙在母亲的手里,没有一点流失。接着母亲开始用力将双手握紧,沙子纷纷从她指缝间泻落,握得越紧,落得越多,待母亲再把手张开,沙子已所剩无几。女孩看到这里,终于领悟地点点头。

婚姻的道理与此相似,要想让婚姻长久、美满、幸福,那就不要每天盯着,看着,防着,握着,恰恰是别把婚姻抓得太紧!夫妻间有所保留,这不能视之为对爱情的不忠,这是一种夫妻相处的艺术。夫妻就像两只相互依靠彼此取暖的刺猬,远了,温暖不到对方;近了,会被对方身上的刺扎到。一次次冲突之后,慢慢调整距离。

第十一章 >>> 不是教你使诈
聪明女人要懂得处世智慧

有人说女人要像放风筝一样与男人相处,一方面给他足够的自由,一方面牵住手中的线。如此聪明的女人,定会把握住属于自己的幸福。

夫妻之道,依恋而不依赖

夫妻双方共同生活,应该各有所长,相互依恋,共同促进,而不是一方依赖另一方而生存。依恋,来自对自己所爱的人的钟情,是一种美好的感情。

燕妮就是这样深深地依恋着马克思。燕妮在青年时代给马克思的一封信中写道:"你的形象在我面前是多么光辉灿烂,多么威武堂堂啊!我从内心里多么渴望着你能常在我的身旁。我的心啊是如何满怀喜悦和欢欣为你跳动,我的心啊是何等焦虑地在你走过的道路上跟随着你……"

马克思在给燕妮的书信中,也同样表达了这种相依相恋的情怀。

依恋,还表现在对爱人的一种信任、尊重、崇敬的心情。在妻子的眼中,丈夫是可靠的,忠诚的,有力量的。在遇到纷扰的时候,他能给你排忧解难;在出现彷徨的时候,他能给你忠告或指点,从而使你增强勇气和力量,去直面人生。

燕妮对马克思的依恋中,包含了她对马克思所从事的事业的理解和支持。她相信丈夫所为之献身的事业是伟大的,不仅为此忍受着贫穷和饥饿,而且始终追随他,学习他,在革命的事业中发挥出自己的一份力量。

马克思呢,由于燕妮勇敢地分担了他的重担,成了他生活中、事业上的支柱,直到晚年,他仍如初恋时那样,把自己的全部爱情集中在燕妮身上。

从这里我们看到,依恋使夫妻之间的爱更加深沉,牢不可破。依恋是彼此都在用自己的力量支持着对方,同时又从对方的爱中得到激励和力量。这之间是相互的,既有你帮助我,也有我帮助你。

而依赖则不同,依赖是一切仰仗于他人。对一个妻子来说,依赖丈夫有种种表现:

经济上的依赖——通过结婚找一个有财有势的丈夫,以享受荣华富贵。

生活上的依赖——生活中大小事都不会干,也不想干。凭着丈夫对自己的爱,坐享其成。

思想上的依赖——遇事不动脑筋,自己的脑子长在丈夫的头上,一切唯丈夫意志是从。丈夫错了,就跟着错,丈夫要不在旁边,就没有了主意,不知所从了。

被依赖者和依赖者是一种从属的关系。做妻子的依赖丈夫,就把自己放在了附属的、次要的地位上了。

有的女人所产生的依赖丈夫心理,除了受封建的传统观念影响以外,还有一个很重要的因素,这就是依赖丈夫对自己的爱。她们不知道,事事依赖丈夫的结果,不是在加深、巩固丈夫对自己的爱情,相反,是在削弱、摧毁对方对自己的爱情。

要加强夫妻之间的爱情,做妻子的,就应懂得依恋,但不依赖的道理。把独立、自尊、关怀、体贴作为爱情的营养剂。

舌头多抹蜜,婆婆不挑剔

老年人经历丰富,或辉煌华丽,或辛酸坎坷。儿媳若能要求婆婆讲讲她的过去,必能获得欣然同意。当婆婆滔滔不绝地讲述自己的历史时,实际上她的心扉已经自觉不自觉地敞开了,其心理就由对抗转向对话。然后,儿媳可以经常以家庭、工作、社会等为话题与婆婆交谈,或讲些自己的事,让她也了解你、理解你、欣赏你;还可讲些小笑话、小幽默与婆婆共享,这样可以保持两心相知,消除误会,巩固和发展在婆婆心目中建立的好感。

作为儿媳妇,要主动和善于发现婆婆的优点,及时给予赞美。比如"衣服洗得真干净","妈,您穿这种颜色衣服真好看"等等。这些不起眼的赞美可令婆婆心怀喜悦。赞美的话可以直接当面说,也可以对别人讲,让越多的人知道她的优点,婆婆越高兴。需注意的是,赞美不同于奉承,赞美是发现并承认实际存在的优点,是诚心的,让人高兴;奉承是夸大优点或编造优点,是虚假的,令人生厌。所以不能用奉承去讨好婆婆。

和婆婆交谈,要从她感兴趣的事入手,选准话题,激起她的兴趣。如果婆婆喜欢女红,不妨以请教的口吻请她谈谈这方面的事,她必定乐于向你介绍她过去的辉煌以及一些专业知识,不仅对你有所裨益,而且能增进彼此感情,让婆婆觉得你很好学、肯干。

婆婆往往不喜欢儿媳当众或直接指出她的缺点错误,她会觉得长辈自尊受到了侵犯,势必要竭力维护,争辩到底,最终会导致婆媳关系的急剧变化。

婆媳之间,有时不免争吵几句。这时一定要注意分寸,避免失去理智,伤人过深。大吵大闹,势必惊动邻居,授人话柄。争吵之后,尽量不要为了一时的心理平衡而求助外人的评判。因为外人可能将你的"家丑"继续传播,或者给你一些错误的建议,不但不能解决问题,相反使婆婆心中积怨更深。"清官难断家务事",也说明婆媳矛盾的消除还在于自我调适和内部处理。

争吵过后,冷静地思考原因,主动地向婆婆赔不是。可直接向婆婆陈述自己的不对之处,诚心请求原谅。如果一时嘴上转不过弯,不妨在行动上表示歉意,比如多给她一些关照,使她先消消气,然后找机会道歉。婆婆在这种情况下,一般不会再计较过去,就算有时火气大点,鉴于自己长辈的身份,也不便继续为难已经"认输"的儿媳。

以上交往应始终围绕"以我真爱换你真心"这一原则。坦诚相待,真心真爱才是获取婆婆永久信赖、保持婆媳关系长期和谐融洽的关键。

第十二章

学会选择与放弃，聪明女人要平衡处世心态

退一步海阔天空
当爱已成往事，潇洒地和他说再见
不以得喜，不以失悲
放弃痛苦，抓住幸福
别为工作失去生活
在事业上坚持走自己的路

退一步海阔天空

　　生活中总有些女人为了小事斤斤计较,进而得理不饶人,不仅自己惹一肚子火,还失去了平日关系不错的朋友。为人豁达一点,退后一步,大家都快乐,何乐而不为呢?

　　刘秀是位自尊心很强的女孩,但她却跟几位"没规矩"的女人做了同事。这些人举止随便,嘻嘻哈哈,刘秀很看不惯她们的行为。

　　一次,天正下着雨,一位女同事想出去办点事,拎起刘秀的伞就走。

　　刘秀心想:"怎么招呼也不打就拿人家的东西,太欺负人了!"她勉强忍住气说:"你好像拿错了伞吧?"女同事大大咧咧地回答:"我忘了带伞,只好借你的用一下。""你好像没跟我说'借'字。""哎哟,还用得着说'借'字吗?我的东西还不是谁爱用就用?"刘秀冷冷地说:"借我的东西就得说'借',我不同意,谁也不准拿!"没想到这件小事使刘秀的处境发生了很大的改变,那几位同事再也不愿意理她。公司的领导经常提醒她注意搞好同事关系。刘秀常常愤愤不平地想:"我只不过是为了维护自己的权利,难道这也错了吗?"

　　在工作和生活中,我们随时都会遇到一些人,他们说了对不起我们的话或做了对不起我们的事。这时,我们应当怎么办呢?是针锋相对,以怨报怨,还是宽容为怀,原谅别人?

第十二章 >>> 学会选择与放弃
聪明女人要平衡处世心态

人生好比行路,总会遇到道路狭窄的地方。每当此时,最好停下来,让别人先行一步。如果心中常有这种想法,人生就不会有那么多抱怨了。你经常让人一步,别人心存感激,也会让你一步,一条小路对你来说也是坦坦通道。你事事不肯让人,别人心怀怨恨,就会设法阻碍你,损伤你,即使一条大路,对你也充满险阻。人与人之间往往是心与心的交往,诚心换来的是真情,坏心换来的是歹意。

有时候,本无存心伤人之意,却可能因为一句无意的话伤害别人,甚至可能为自己树立一个敌人。聪明的女人说话一定要谨慎小心,不要因为一句话而给自己引来祸患。

无论如何,幸福不是天上掉下来的,它是靠一个人用心积累的。该让步的时候就让一步,退一步海阔天空。但是,如果遇到必须取胜,无法让步的事,又该怎么做呢?那也要给别人留一点余地,比如与人争辩,以严密的辩论将对方驳倒固然令人高兴,但也没必要将对方批驳得体无完肤。这样做不但对自己毫无好处,甚至会自食其果,遭到对方的反击。当你和他人发生摩擦时,首先要了解他的想法,然后在顾及对方颜面的前提之下,陈述自己的意见,给对方留有余地。这一点在处理人际关系时非常重要,对女人来说价值就更高了。

当爱已成往事,潇洒地和他说再见

爱并不是人所能控制得住的情感,它的来去只有顺其自然,才能保留那份曾经的幸福感觉。婚姻中,如果爱已成为往事,不想让自己长期陷入痛苦的女人就要懂得该放就放,强扭的瓜终是不甜。

作为一个女人,当他爱你的时候,你的缺点会变得可爱,但当他背信弃义的时候，你所有的宽容和付出都化为泡影。面对这些随时都有可能掷到你头上的伤害，女人往往很难做到兵来将挡，水来土掩。如果你认为你们的婚姻已经无药可救，就要潇洒地放手，并且还要在伤害中优雅地获取属于自己的胜利，你要做的是：

1. 释放出你自己的光芒

离婚前，如果很多人暗恋他，而他开始对你百般挑剔并急于离开你，那么离婚后请释放出自己的光芒。你并不是真的如他所说的那样差，他这样说只是因为他的变心要找一个不爱你的借口。

如果你真的肯花一段时间重塑自己，不仅会让他睁大双眼，惊艳得不行，更会使你跳出阴暗的心理，拥有未来明亮绚烂的人生。要让抛弃你的男人若干年后发现，原本心中那不起眼的朱砂痣，却原来是天空中高挂着的一轮月亮，释放着那么耀眼的光芒。努力挖掘你自己的潜力吧，不管是事业上或是气质修养上，这对当初挑剔你或是抛弃你的男人而言，绝对是最致命的打击。同时随着你不断地释放出自己的光芒，你都会一次次更加清晰地看清那个男人，以及你当初身陷其中的局限与过失。

2. 以冷治冷

离婚时，宽容比怨恨更容易让一个男人心寒。要注意的是，宽容并不意味着天天祝福他找到更好的彼岸，而背地里却诅咒他。若是如此，你的怨恨还是太多了。面对一个连自己也不知道要什么、对谁都好的"张无忌"，唯有让自己变得更冷、更酷、更无动于衷，并且是发自内心的酷。

离婚后，"张无忌"式的男人往往会隔三差五地给你打电话，甚至约你促膝叙旧。没修炼过的女人，会天真地将自己对他的依恋、离开他之后的落寞，一股脑儿倒出。最终男人心满意足地离去，你则更加落寞。千万不能这样！你必须看上去快乐，别让他觉得他在你心里很重要，别让他用你的痛苦去向他的新欢夸耀。

第十二章 >>> 学会选择与放弃
聪明女人要平衡处世心态

别相信他说的要和你做最好的好朋友的鬼话,那只不过是他还想要占据你的心灵空间,是他想你时还能见到你,可以经常打扰你的一个借口。

不要怨恨那些与他有染的女人,女人何苦为难女人。要知道,他的那么多红颜,可能都是受害者。

3. 离婚之前保护自己的利益

丈夫有外遇对任何女人而言都是致命的伤害。当你发现他有情人时,也许听信他的忏悔与哀求,大度地原谅他。可是不久后,你又悲痛地发现——他始终没有和那个女人断绝联系,那个女人还像蛀虫一样,吞噬着你辛辛苦苦积累下的财产,以及你苦心经营起来的家庭!

千万别自欺欺人地以为他还爱你,别被他的眼泪和死缠烂打再一次拖住,那些不忍只是你多年的惯性使然。在这场消耗生命的厄运当中,你应该做的,就是狠下心来离开他。一再地反复,只会叫你心力交瘁,青春不再。要知道,遇到这种情况,如果你不能够及时抽身的话,最终吃亏的一定是你,不要等他彻底把你的钱榨干、把你的青春耗尽时再警醒吧!既然他不能再给你幸福,就要勇敢地选择离开他,潇洒地道声再见,去寻找新的属于自己的幸福。

你应很冷静地开始着手调查财务,巧妙地将自己多年来的财产,转到自己父母的账户下,或者咨询律师,想办法取到他外遇的证据。然后你应迅速与那个男人离婚,从此可以昂首挺胸,开始新生活!

4. 千万不要如此报复

(1)滥情

不要将自己逼向残花败柳,否则在你承受了前一个男人的恶心之后,还会获得另一种恶心。

(2)败坏他的名声

就算你对他有再多的怨恨,也不要使出这样不堪的手段。绝口不提他的隐私他的软肋,是你的人格高尚之处。

(3)暴力

你就是让他从这个地球上消失了,伤害亦是伤害,不会随肉体一同蒸发。反而令你越发丑陋,看到一个简单粗暴的自己。

(4)哭闹

伤身、伤心、伤容颜,都是何苦呢?耗费了自己的宝贵精力,到最后会在你和他的朋友圈里,留下一个怨妇形象。

(5)破坏他的新恋情

以楚楚可怜或蛮横的形象,出现在他的新情人面前。是的,你不仅会吓倒她和他,但同时也会给你的优雅添上一个洗不去的污点。

(6)绝不能回头

不能因为他的一时甜言蜜语,又回到他的怀中。那不是报复,那是你的悲剧重演。

(7)骚扰他的私生活

不管他是什么样的人,保持起码的尊重,是你要坚守的基础。打骚扰电话、鬼魅一般出现在他的身边,请不要这样逼自己。

离婚了,缘分走到尽头,已经恩断义绝,该忘的都要忘掉。你必须明白,一个男人并不是自己幸福的全部,只要你充满自信、心胸豁达、重新做快乐的自己,幸福将在不远处等着你,因为幸福是你应得的权利!再回首那些过去,不过只是前尘往事。

第十二章 >>> 学会选择与放弃
聪明女人要平衡处世心态

不以得喜，不以失悲

生命就是一个不断选择和放弃的过程，人一生要背负的东西很多，久而久之就会成为负担。只有懂得适时放弃的聪明女人才有可能获得幸福的青睐。

放弃，对每一个人来说，都有一个痛苦的过程，因为放弃，意味着永远不再拥有。但是，不会放弃，想拥有一切，最终你将一无所有，这是生命的无奈之处。如果你不放弃眼前的热烈，就无法享受花前月下的温馨……生活给予我们每个人都是一座丰富的宝库，但你必须学会放弃，选择适合你自己拥有的，否则，生命将难以承受！

有人讲了这样一件有趣的事：

他曾经和女友做了一个小测验，说如果同时丢了三样东西：钱包、钥匙、电话本，最要紧的是哪一样？女友毫不犹豫地选择了电话本，而他毫不犹豫地选择了钥匙。答案说，女友是一个怀旧的人，他是一个现实的人。

后来他们分手了，女友的确总被过去纠缠得不快乐，一段大学时代未果的爱情至今还让她念念不忘，而爱情中的他早已为人夫，为人父。女友的心停在了过去，一直后悔当初没有坚持到底，因此，又错过了很多不错的人。他问她："还可以挽回吗？"她摇摇头，他说："那为什么不放弃？"她无奈地说："放弃不了。"他说："其实是你不想放弃。"

中国有句古语说："苦海无边，回头是岸。"偏偏有人就执迷不悔，因此，烦恼都是自寻的。

放弃是一门艺术。在物欲横流的今天，既需要你作出选择，而更多的则是放弃。与其说是抉择得当，不如说是放弃得好。人生苦短，要想获得越多，就得放弃越多。那些什么都不放弃的人，是不可能有多少获得的。其结果必然是对自身生命的最大的放弃，让自己的一生永远处在碌碌无为之中。

放弃需要明智，该得时你便得之，该失时你要大胆地让它失去。有时你以为得到了某些时，可能失去了很多；有时你以为失去了不少，却有可能获得许多。不以得喜，不以失悲，尽自己最大的努力去做，管它花开花落，云卷云舒。

放弃痛苦，抓住幸福

生命有痛苦是正常的，有快乐也是正常，如果你紧紧抓住痛苦不放，幸福就永远也不会到来。放弃痛苦让女人抓住幸福，让生命重放光彩。

一位丧子的母亲说：

"刚开始，我完全没办法平静，对于死去的儿子，不论我做什么，想什么，那种深痛的感觉一直在。后来，我让自己很忙，那时，我便没有多余心思去思考儿子的死亡，但只要一静下来，甚至只是走路停下来一会儿，那种哀痛就完全袭上来，令我无法招架。现在，虽然想到仍会难过，但情况已不一样，我不再没事找事忙，故意逃避。当丧子之痛又来时，我让它涌上心头，我看着悲痛将我灭顶，然后渐渐地消退，平静也就跟着来了。最痛苦的那一刻已经过去，我已经可以不必再抗拒那种情绪。如今，我可以再次体会人生的快乐，那些痛苦已不是现在的事了，它只是我人生的一部分，而我人生其他的道路，还可以继续。"

面对痛苦的经验时，我们会先震惊，难以接受，接着便是不知所措和难以忍受，而且无法想象以后要怎么办，这时，我们便会想要逃避。

第十二章 >>> 学会选择与放弃
聪明女人要平衡处世心态

夏日游泳是一大享受,但在穿好泳装,要跳下水时,通常需要很大的勇气,水的温差会令我们产生抗拒。一旦跳下水后,适应了温差,我们反而会爱上水中的温度,并且不想离开泳池。

这种抗拒和对痛苦的抗拒一样,刚开始是痛苦的,后来,面对它之后,痛苦过去了,快乐便会出现。

不断地抗拒只会延长痛苦的时间,而该面对的还是要面对。如果一味逃避,只会令自己深陷在痛苦中。

所以,聪明的女人不要逃避痛苦的感觉,也不要逃避现在的生活,当痛苦来临时,去感受它;当痛苦漂流时,不要再紧抓住它,让它成为真正的过去,这样才能好好地生活,获得真正的幸福。

别为工作失去生活

不知道从什么时候起,越来越多的女人不自觉地将自己送上了生活的快车道,身心疲惫地让自己追逐一个又一个生活目标。女人一生的成就,不全意味着事业的成功,还有家庭、婚姻、兴趣方面的需要,完美的一生包括很多个方面。

想想看,生活中其实还是有很多有趣、好玩的事情值得去发现、去探索、去研究,而工作只是其中很小的一部分而已,我们千万不能因为工作而失去生活,失去自己。

虽然白领女性的工作不像体力劳动者那么辛苦,但却容易产生心理疲劳,有的人觉得腰酸背痛,有的人神经衰弱、食欲不振,有的人无精打采,总想睡觉,这些都被视为"慢性疲劳综合征"的表现,常常出现在那些工作已经取得一定成绩的白领女性身上。她们基本上实现了自己人生的"初步梦想"：有好的工作，挣了些钱，成了家，有了孩子，似乎有了"到头了"的感觉。此后的工作就像是每天在不断地垒砖头，却少一张设计图纸，不知道要盖什么，盖到何时完工，原本的热情就在堆砌过程中一点一滴地流失了。到了这个时候，千万不要麻木地继续赶路，而是要停下来好好歇一歇，在给自己寻找新的奋斗目标时，积蓄力量。

有的时候，面对抉择时，心里总有两种声音在不停争执："真没有什么好争的，这么辛苦，还不如回家去做个家庭主妇，反正老公也养得起！""不行，我努力打拼了这么久，现在放弃了太可惜，再说，别人都靠不住，还是有一份自己的事业最保险。"工作和生活总是处在不平衡的位置，令女人难以抉择。

既想在工作上做出一番令人艳羡的成就，又希望过着自在惬意的生活，可是，结果往往总是两头不讨好，顾此失彼。外国有一句俗语说："工作可以使一个人高贵，但也可能把他变成禽兽。"意气风发的时候，觉得自己仿佛可以征服天下；沮丧疲惫的时候，可能自认为连一只小蚂蚁都不如。

其实，工作就是工作，生活就是生活，千万不要把它们混为一谈，把工作上的情绪带到生活中来，就会把事情弄得一团糟。为了工作放弃生活是最不划算的事情，工作太过于投入，生活就会发出抗议。当生病卧床休息的时候，那是时间在强迫你将超支的精力补回来；当丈夫不堪被冷落而去寻找新的爱情时，当孩子因缺乏关爱而误入歧途时，再多的工作成就都弥补不了这些遗憾。

在事业上坚持走自己的路

自古以来，人们就认为女人成大事不是一件很容易的事，但也并不是一件很难的事。只要你不被他人的论断束缚自己前进的步伐，追随自己的热

第十二章 >>> 学会选择与放弃
聪明女人要平衡处世心态

情,自己的心灵,就一定能得到你想要的。

世界第一名女性打击乐独奏家伊芙琳·格兰妮说:"从一开始我就决定:一定不要让其他人的观点阻挡我成为一名音乐家的热情。"

她成长在苏格兰东北部的一个农场,从8岁时她就开始学习钢琴。随着年龄的增长,她对音乐的热情与日俱增。但不幸的是,她的听力却在渐渐地下降,医生们断定是由于难以康复的神经损伤造成的,而且断定到12岁,她将彻底耳聋。可是,她对音乐的热爱却从未停止过。

她的目标是成为打击乐独奏家,虽然当时并没有这么一类音乐家。为了演奏,她学会了用不同的方法"聆听"其他人演奏的音乐。她只穿着长袜演奏,这样她就能通过她的身体和想象感觉到每个音符的震动,她几乎用她所有的感官来感受着她的整个声音世界。

她决心成为一名音乐家,而不是一个聋子,于是她向伦敦著名的皇家音乐学院提出了申请。

因为以前从来没有一个聋学生提出过申请,所以一些老师反对接收她入学。但是她的演奏征服了所有的老师,她顺利地入了学,并在毕业时荣获了学院的最高荣誉奖。

从那以后,她就致力于成为第一位专职的打击乐独奏家,并且为打击乐独奏谱写和改编了很多乐章,因为那时几乎没有专为打击乐而谱写的乐谱。

至今,她作为独奏家已经有十几年的时间了。因为她很早就下了决心,不会仅仅因为医生诊断她完全变聋而放弃追求,医生的诊断并不意味着她的热情和信心不会有结果。

作为女人,你要想成就一份伟大的事业,一定不要在别人批评或嘲笑你的选择时动摇甚至放弃。如果你能做到无论别人说什么都认定自己是对的,那么你就会获得很多的成功机会。